ACID IST FERTIG!

Alexander Fromm

ACID IST FERTIG!

Eine kleine Kulturgeschichte des LSD

Impressum

Bibliografische Informationen der Deutschen Nationalbibliothek
Die Deutsche Nationalbibliothek verzeichnet diese Publikation in der Deutschen Nationalbibliografie; detaillierte bibliografische Daten sind im Internet über
http://dnb.d-nb.de abrufbar.

ISBN: 978-3-86408-214-6 (Print) // 978-3-86408-215-3 (Ebook)

Satz und Layout: Frank Petrasch
Coverillustration: Shutterstock/MastakA
Fotografien Innenseite Umschlag:
Historisches Archiv Novartis International AG

„Die Phantasie setzt die künftige Welt entweder in die Höhe, oder in die Tiefe. Wir träumen von Reisen durch das Weltall: ist denn das Weltall nicht in uns? Die Tiefen unseres Geistes kennen wir nicht. — Nach Innen geht der geheimnisvolle Weg. In uns, oder nirgends ist die Ewigkeit mit ihren Welten, die Vergangenheit und Zukunft."

Novalis: Blüthenstaub §16

~

„Durch alle Wesen reicht der eine Raum:
Weltinnenraum. Die Vögel fliegen still
durch uns hindurch. O, der ich wachsen will,
ich seh hinaus, und in mir wächst der Baum."

Rainer Maria Rilke: Es winkt zu Fühlung fast aus allen Dingen

~

„Der Ausdruck ist gut gewählt, weil der Innenraum der Seele genauso unendlich und geheimnisvoll ist wie der äußere Weltraum und weil Kosmonauten des äußeren wie des inneren Weltraums nicht dort verbleiben können, sondern auf der Erde, ins Alltagsbewusstsein zurückkehren müssen."

Albert Hofmann: LSD, mein Sorgenkind[1]

Inhalt

Einleitung

„LSD?“ werden einige verwundert die Augenbrauen heben. Ist das nicht die Droge, bei der die Menschen verrückt werden, aus dem Fenster springen und wenn sie Glück haben, hängen bleiben? „LSD!“ wird manch anderer denken und dabei verklärt an Hippies, Studentenrevolte und Woodstock denken. Dass man es mit einem Medikament zu tun hat, mit dem man einst Süchtige, psychisch Kranke und Depressionen behandelte, dürfte hingegen den wenigsten in den Sinn kommen.

Man taufte es Blue Cheer, Purple Haze, White Lightning oder einfach Acid. Die chymische Hochzeit von Lysergsäure und Diethylamin ergab Lysergsäurediäthylamid, kurz: Ell, Ess, Dee, drei Silben zwischen Himmel und Hölle, drei Buchstaben, die alles verändern. LSD wirkt direkt an der Schnittstelle zwischen Kultur und Natur, im Gehirn des Menschen. „Es gibt kaum einen anderen Wirkstoff von so weit reichendem kulturellen und gesellschaftlichen Einfluss wie Lysergsäurediäthylamid. Psychiater, Psychologen, Verhaltensforscher, Theologen, Philosophen, Maler, Schriftsteller und Musiker bedienten sich der bewusstseinsverändernden Droge, die ihre Bedeutung bis heute nicht verloren hat“, so Prof. Dr. Peter Nuhn von der Universität Halle.[2]

Ein Zeugnis psychedelischer Kunst dürfte hierzulande jeder kennen: das Intro des öffentlich-rechtlichen Sonntagskrimis Tatort. Untermalt von hektischen Jazzrhythmen flüchtet der große Unbekannte, Sinnbild des Verbrechers, seit 1970 in eine enger werdende Spirale der Ausweglosigkeit. Der ARD-Brennpunkt bedient sich mit seiner Auftaktmelodie ebenfalls aus dem psychedelischen

Klangarchiv; seit 1971 lenkt man mit Pink Floyds „Astronomy Domine“ die Aufmerksamkeit der Deutschen vom Abendbrottisch auf die Mattscheibe. Ein drittes Beispiel: das entspannt daherkommende Lied „Tag am Meer“ von den Fantastischen Vier schildert – heute wissen wir es – einen LSD-Rausch.

Unter den prominenten LSD-Astronauten versammeln sich illustre Namen wie Ernst Jünger, Cary Grant, Allen Ginsberg, Bob Dylan, Leonard Cohen, Jimi Hendrix, Carlos Santana, Jack Nicholson, Keith Haring, Lemmy Kilmister, Steve Jobs. Auch der Neuropsychologe Oliver Sacks, die Schriftstellerin Sibylle Lewitscharoff und sogar Erich Honeckers Enkel, Roberto Yáñez Betancourt y Honecker, machten ihren LSD-Gebrauch publik. Die Liste ließe sich fortsetzen.

Bekanntlich macht die Dosis, dass etwas nicht Gift ist. Beim Alkohol liegt die Grenze irgendwo zwischen Bier und Schnaps. LSD hingegen ist schnell überdosiert und schmal der Grad, der Brian Jones von Keith Richards und Syd Barrett von Roger Waters trennt. Dennoch ist die Substanz erstaunlich verträglich, denn bisher ist niemand an einer Überdosis LSD gestorben. Eine Wirkung gibt es schon ab 20 Mikrogramm (zur Vorstellung: 1 Gramm sind 1.000 Milligramm sind 1.000.000 Mikrogramm – genug, um 10.000 Artgenossen zu entrücken).

Ursprünglich ein legales Mittel zur Behandlung von Alkoholismus (beispielsweise in der Tschechoslowakei, die bis 1974 eigenes LSD produzierte) verließ die Substanz, die mystische Erlebnisse, ein geschärftes Bewusstsein und tiefer gehende Selbsterkenntnis versprach, die Kliniken und Krankenhäuser und wurde zum Treibstoff der Hippiebewegung. Bald gehörte es zum guten Ton, *experienced*, also LSD-erfahren, zu sein. Der Musiker Kim Fowley machte sich bereits 1966 seinen Reim darauf: „Let's take a trip, it's really hip." In den USA, wo LSD buchstäblich in aller Munde war, wurden ab 1966 erste Verbote verhängt. Auf Betreiben der Vereinigten Staaten verfügten die Vereinten Nationen ab 1971 eine weltweite Ächtung der Wunderdroge. Aus Medikamentenmissbrauch wurde plötzlich Drogenmissbrauch. Das Verbot war umfassend, der zuvor tausendfach bestätigte Nutzen bei therapeutischer Verwendung wurde aus politischen Gründen ignoriert. Die globale Prohibition hält bis heute an. Dies schreckte aber bekanntlich viele Menschen nicht ab. Durch das Verbot wurde LSD zeitweise nur noch hipper, verboten hip.

Befeuert wurde der Hype durch Pophits, die auf LSD anspielten. In „My Friend Jack" schwärmten The Smoke ganz offensichtlich von ihrem Dealer, der präparierte Zuckerwürfel unters Volk bringt: „On the West Coast he's real famous, kids all call him Sugarman." Damit schaffte es die britische Band 1967 bis auf Platz 2 der westdeutschen Hitparade. Mit Nancy Sinatra wurde LSD sogar Teil des Easy Listening und erreichte als leicht verdauliche Fahrstuhlmusik und Supermarktbeschallung ein größeres Publikum als alle psychedelischen Rockbands zusammen. Die Tochter von Frank Sinatra schwärmte von Sugar Town (Platz 5 in USA), wo Probleme verschwinden und immer die Sonne scheint. In der Popnummer „In Our Time" wird sie hingegen ironisch: „Holding hands in the Louvre / some take trips and never move…"

Psychedelische Kunst ist der Versuch, das LSD-Erleben zu verarbeiten. Auf diese Weise hat Lysergsäure-

diäthylamid mannigfaltige Spuren in der westlichen Kultur hinterlassen. Die Macht der Droge, die Welt fortan mit anderen Augen zu betrachten, wirkte als Ideen-Katalysator und führte besonders in der Musik zur Entstehung vieler neuer Stilrichtungen. Bei einigen steckt es im Namen – Acid Rock, Acid House, Acid Jazz – bei anderen muss man nachforschen. Folk Rock, Raga Rock, Latin Rock und Krautrock entstanden infolge künstlerisch ambitionierter Hochdosierung. Auch dem Roman „Einer flog über das Kuckucksnest", dem Konzeptalbum „Sgt. Pepper's Lonely Hearts Club Band", der Rockoper „Tommy" (mit Tina Turner als Acid Queen) und der Computermaus gingen LSD-Erfahrungen voraus. Mit der Ankunft von „Easy Rider" und weiteren Filmen des New Hollywood erlebte das Kino eine Wiedergeburt.
Das Besondere am LSD ist die Tatsache, dass uns der Name des ersten Konsumenten als auch der Ort, die Uhrzeit und die Umstände des ersten Lyserg-Rausches überliefert sind. Von welcher Droge lässt sich das noch behaupten.

Berlin im Mai 2016

Die Vierziger.

1943 Albert Hofmann: Wer hat's erfunden?

Die Geschichte des LSD ist wie die Substanz selbst von extremen Gegensätzen gekennzeichnet. Der Treibstoff der Friedensbewegung ist ein Produkt der Kriegszeit. Ausgerechnet ein akkurater Chemiker und dreifacher Familienvater aus der Schweiz, Sinnbild der Gewissenhaftigkeit, synthetisierte das Lebenselixier der Gegenkultur zum ersten Mal. Obwohl er systematisch vorging, wurde LSD eine Zufallsentdeckung. Und: der erste LSD-Trip der Weltgeschichte fand während der Arbeitszeit statt.

Albert Hofmann ist sowohl der Erfinder als auch der Entdecker des LSD, denn er synthetisierte Lysergsäurediäthylamid als erster 1938 und entdeckte fünf Jahre später die einzigartige Wirkung an seiner eigenen Psyche. Hofmann war damals Forschungschemiker in den pharmazeutischen Laboratorien der Sandoz AG in Basel. Interessiert war er besonders an therapeutischen Wirkungen von Arzneipflanzen. Im Rahmen seiner Forschungen stieß er auf das Mutterkorn (Claviceps purpurea), einen parasitären Pilz, der Getreide und Wildgräser befällt. Der Pilz schmarotzt auf den Ähren und durchdringt mit seinem Myzel einzelne Getreidekörner, um in dem dadurch entstandenen Zapfen – dem Mutterkorn – bis zur nächsten Vegetationsperiode zu überdauern. Die Zapfen sind nicht ungiftig. Im Mittelalter führte durch Mutterkorn verunreinigtes Mehl immer mal wieder zu fatalen Massenvergiftungen. Beim sogenannten Muttergottesbrand oder auch St.-Antoniusfeuer wird die Durchblutung eingeschränkt, bis einzelne Gliedmaßen ganz oder teilweise absterben (Gangrän). Dennoch wurde Mutterkorn aufgrund seiner Wehen auslösenden Wirkung als Heilmittel in der Geburtshilfe eingesetzt. Daher der Name.

Grundbaustein aller Mutterkornalkaloide ist Lysergsäure, eine leicht zersetzliche Substanz, aus der Hofmann mehrere Verbindungen synthetisierte. Ergobasin, die erste Lysersäureverbindung, ist ein Gebärmutter-kontrahierender und blutstillender Stoff, der unter dem Markennamen Methergin in den Handel gelangte. Inspiriert durch das strukturell ähnliche Nikotinsäurediäthylamid synthetisierte Albert Hofmann am 16. November 1938 erstmals Lysergsäurediäthylamid. Da es die 25. Verbindung in der Laborreihe war, nannte er es kurz LSD-25. Die neue Substanz musste anschließend von der pharmakologischen Abteilung in Tierversuchen getestet werden, doch die Versuchstiere reagierten nicht wie erwünscht. Ein erhoffter Einsatz als Kreislauf- und Atmungsstimulanz erfüllte sich somit nicht und Hofmann widmete sich anderen Verbindungen.

Im Frühjahr 1943, inmitten des Krieges, entschied sich Albert Hofmann aus einem „Bauchgefühl" heraus, wie er später sagte, das Lysergsäurediäthylamid erneut zu testen. Bei der Arbeit im Labor bemerkte der Chemiker plötzlich eine veränderte Wahrnehmung, die er sich zunächst nicht erklären konnte. Im Nachhinein vermutete er, dass sein Körper durch unsauberes Arbeiten ein wenig Lysergsäurediäthylamid über die Haut aufgenommen habe. Erst dieser Serendipität verdanken wir die Kenntnis von der bewusstseinsverändernden Wirkung des LSD. Den ersten LSD-Trip der Weltgeschichte hat Hofmann im Bericht an seinen Vorgesetzten, Prof. Dr. Arthur Stoll, so festgehalten:

„Vergangenen Freitag, 16. April 1943, musste ich mitten am Nachmittag meine Arbeit im Laboratorium unterbrechen und mich nach Hause begeben, da ich von einer merkwürdigen Unruhe, verbunden mit einem leichten Schwindelgefühl, befallen wurde. Zu Hause legte ich mich nieder und versank in einen nicht unangenehmen rauschartigen Zustand, der sich durch eine äußerst angeregte Phantasie kennzeichnete. Im Dämmerzustand bei geschlossenen Augen - das Tageslicht empfand ich als unangenehm grell - drangen ununterbrochen phantastische Bilder von außerordentlicher Plastizität und mit intensivem, kaleidoskopartigem Farbenspiel auf mich ein. Nach etwa zwei Stunden verflüchtigte sich diese Zustand."[3]

Um sich seiner Beobachtungen zu vergewissern, unternahm Albert Hofmann am Montag darauf einen gezielten Selbstversuch. Am Nachmittag des 19. April 1943 trank er 250 Mikrogramm in Wasser aufgelöstes Lysergsäurediäthylamid-Tartrat. Hofmann hielt diese Menge, ein Viertel eines Tausendstelgramms, für die kleinste wirksame Dosis. Er verschätzte sich jedoch um ein Vielfaches. Wie man heute weiß, liegt die wirksame Dosis bereits bei 20 Mikrogramm. Was der pflichtbewusste Chemiker parallel in seinem Laborjournal notierte, war der Auftakt zu einem LSD-Horrortrip, der hauptsächlich von der Angst vor dem Unbekannten gespeist wurde:

„17:00 Uhr: Beginnender Schwindel, Angstgefühl. Sehstörungen. Lähmungen, Lachreiz."
Erschwerend kommt hinzu, dass ihm verständliches Sprechen schwerfällt. Als dem 37-jährigen alles zu viel wird, verlässt er das sterile Labor, um es gegen die vertrautere Umgebung seines Zuhauses einzutauschen. Seine Assistentin, die im Bilde ist, begleitet ihn. Man fährt mit dem Rad. Der Familienvater wird so stark vom Wunsch nach Heimkehr angetrieben, dass er das Gefühl hat, nicht vom Fleck zu kommen. Doch so sehr er auch in die Pedale tritt, er ist zu langsam. Die Assistentin versicherte hingegen, dass beide sehr schnell unterwegs seien. Der 19. April 1943, auch der Beginn des Aufstands im Warschauer Ghetto, wird deshalb in der psychedelischen Popkultur als *Bicycle Day* zelebriert. Die eingenommene Menge von 250 Mikrogramm gilt seitdem als Referenzdosis für einen heftigen Trip.
Zwischen 18 und 20 Uhr durchlitt Hofmann etwas, das er in seinem Nachtrag vom 21. April als „schwerste Krise" bezeichnete. Zum verzerrten Zeit- und Raumempfinden gesellen sich typische Symptome eines Horrortrips: Halluzinationen, Vergiftungsangst, das Gefühl wahnsinnig zu werden, Todesangst, eine außerkörperliche Erfahrung, die Ich-Auflösung. Alles Effekte, die später noch bedeutsam werden sollen.
Die Welt gerät aus den Fugen. Eine hilfsbereite Nachbarin, die ihm eiligst die verlangte Milch vorbeibringt, von der Hofmann im Verlauf des Abends mehr als zwei Liter trinken wird, erscheint ihm als „bösartige, heimtückische Hexe mit einer farbigen Fratze". Die Todesangst wird vor allem von Ratlosigkeit befeuert. Hoffmann hatte in durchaus üblicher Tradition einen verantwortungsvollen

Selbstversuch mit einer Minimaldosis gestartet und fühlte sich nun trotz aller Vorsicht dem Tode nah: „Lag ich im Sterben? War das der Übergang? Sterbend ohne Abschied von meiner Familie. Ob sie jemals verstehen würde, dass ich nicht leichtsinnig, verantwortungslos, sondern äußerst vorsichtig experimentiert hatte und dass ein solcher Ausgang in keiner Weise vorauszusehen war?“[4]

Als der herbeigerufene Hausarzt eintritt, ist das Schlimmste bereits durchgestanden. Bis auf extrem geweitete Pupillen kann der ratlose Mediziner keine anormalen, körperlichen Symptome feststellen. Der Horrortrip wandelte sich schon in das, was dereinst die Hippies locken wird. Im verdunkelten Schlafzimmer liegend durchströmen Hofmann Gefühle von Glück und Dankbarkeit. Er genießt Kreise, Spiralen und kaleidoskopische Farbfontänen, die vor seinen Augen tanzen.

Am nächsten Tag fühlt sich Albert Hofmann merkwürdig erfrischt, die Welt erscheint ihm „wie neu erschaffen“. Alles glänzt in einem anderen, einem helleren Licht, und das Frühstück schmeckt ausgezeichnet. Keine Spur von einem Kater. Das, konstatiert der Chemiker nüchtern, muss am LSD liegen.

Der LSD-Erfinder erkennt in dem Stoff, der bereits im Mikrogrammbereich wirkt, medizinisches Potenzial und setzt auf das Interesse der Pharmakologen, Neurologen und Psychiater. Eine wie auch immer geartete Drogenszene kam ihm allerdings nicht in den Sinn: „Ich habe mir nach meinen ersten Erfahrungen nie vorstellen können, dass LSD jemals auf die Straße gelangen würde. LSD ist ja wirklich kein Genussmittel. Es ist eine Art Konfrontation mit seinem eigenen Unterbewusstsein.

Das können auch sehr unangenehme Inhalte sein, schreckliche Erlebnisse. Himmel und Hölle, wie Huxley das bezeichnet hat."

Hofmann verfasste einen ausführlichen Bericht, der bei den Vorgesetzten großes Erstaunen hervorrief. Stimmten denn die Gewichtsangaben? Das Lysergsäurediäthylamid wurde erneut in der pharmakologischen Abteilung getestet, diesmal jedoch nicht an Versuchstieren sondern vom Chef höchstpersönlich. Professor Ernst Rothlin und zwei seiner Mitarbeiter waren die ersten, die Hofmanns Tropfen probierten. Auch bei ihnen traten bewusstseinsverzerrende Wirkungen auf, trotz wesentlich geringer Dosis. Eindeutig, diese Substanz musste weiter untersucht werden!

1947 Delysid

Nach diesen Selbstversuchen gab es in der pharmakologischen Abteilung weitere neue Testreihen. Bevor eine Substanz, wie von Hofmann vorgeschlagen, in der Psychiatrie direkt am Menschen angewendet werden durfte, musste sie in Tierversuchen auf ihre Giftigkeit und Nebenwirkungen hin geprüft werden. Bei den Tests stellte sich heraus, dass auch Tiere nach der Verabreichung hoher Dosen ein ungewöhnliches Verhalten an den Tag legten. Einige Beispiele: Eine intoxifizierte Katze fürchtete sich plötzlich vor Mäusen (und wahrscheinlich auch vor allem anderen). Spinnen webten bei niedriger Dosierung ihre Netze regelmäßiger und filigraner als gewöhnlich; bei steigender Dosis kippte diese Fähigkeit jedoch dramatisch, und die Spinnweben wurden fahrig und blieben oft unfertig.

Einen aufschlussreichen Hinweis auf ein zukünftiges Zusammenleben mit LSD-Berauschten lieferte eine Käfiggemeinschaft von Menschenaffen. Während bei dem intoxifizierten Schimpansen selbst keinerlei Verhaltensänderung feststellbar war, befand sich der nüchterne Rest der Sippe in heller Aufruhr. Hier liegt die Vermutung nahe, dass sich der Affe nicht der Hierarchie entsprechend verhielt und auf LSD permanent gegen die ausbalanzierte Sippenordnung verstieß. Ähnlich gestaltete es sich später mit den Hippies.

Die Tests ergaben ein optimistisches Bild. Obwohl die wirksame Dosis von LSD außerordentlich niedrig liegt, wurden Überdosierungen körperlich ungewöhnlich gut vertragen. LSD gilt als relativ ungiftig, denn bisher gibt es keinen Anhaltspunkt dafür, dass Menschen aufgrund einer Überdosis an LSD gestorben sind. Anders verhält es sich mit einer „psychischen Vergiftung". Hierbei kann es durchaus zu Unfällen und Verwirrtheitszuständen mit tödlicher Folge kommen.

Darüber hinaus bildet sich rasch eine Toleranz, was bedeutet, dass LSD zu keiner körperlichen Abhängigkeit führen kann, da die Wirkung bei steter Einnahme rapide nachlässt. Nach drei Tagen Dauergebrauch löst das LSD keinerlei Reaktionen mehr aus. Daher kommt LSD zwar als Rauschsubstanz in Betracht, aber niemals als Suchtdroge. LSD-Junkies sind demnach eine rein sprachliche Konstruktion, ohne Entsprechung in der Wirklichkeit.

Nach Beendigung der Tierversuche wurde der neue Wirkstoff erstmals in der psychiatrischen Klinik der Universität Zürich systematisch am Menschen getestet. Die Versuchsreihe fand unter der Aufsicht von Dr. Werner Stoll statt, Sohn des Sandoz-Chefs Arthur Stoll. Die

Versuchsgruppe bestand sowohl aus gesunden Probanden als auch aus schizophrenen Patienten. Die Einbeziehung von Schizophrenen erfolgte mit der Überlegung, dass der LSD-Rausch, der einem psychotischen Schub ähnele, künftig zum Verständnis oder gar zur Heilung dieser Erkrankung beitragen könnte.

Die verabreichte Dosis war deutlich niedriger angesetzt als die Hofmann-Dosis und changierte zwischen 20 und 130 Mikrogramm. Die Testreihe war weit entfernt vom heutigen Standard einer Doppelblindstudie, bei der weder Versuchsleiter noch Patienten wissen, ob sie ein Placebo oder ein wirksames Medikament erhalten. Ebenfalls unüblich ist heutzutage die Praxis, dass der zuständige Arzt die neue Substanz am eigenen Leib ausprobiert. Werner Stolls Selbstversuch von 1947 mit 60 Mikrogramm LSD-Tartrat wurde der erste publizierte Trip eines Psychiaters. Nach den Chemikern Hofmann und Rothlin, die eher am Aufbau und der Wirkungsweise von Molekülen interessiert waren, äußerte sich erstmals ein Fachmann der menschlichen Psyche zum LSD-Rausch.

Der Rausch entwickelte sich für Werner Stoll zur emotionalen Achterbahnfahrt, die zwischen Euphorie und Depression oszillierte. Es zeigten sich sowohl Ansätze von Glückseligkeit als auch zum Horrortrip. Bilder vom Vortag, aber auch aus früherer Vergangenheit, gelangten ins Bewusstsein. Diese Fähigkeit des LSD, vergessene oder gar verdrängte Inhalte abzurufen, wird bald das Interesse von Psychoanalytikern wecken. Bemerkenswert bei der Beschreibung seines Rausches ist der Rückgriff auf Elemente der klassischen Bildung:

„Ich fühlte mich eins mit allen Romantikern und Phantastikern, dachte an E. T. A. Hoffmann, sah den Malstrom Poes, schwelgte in den Farben des Isenheimer Altars; ich dachte an abstrakte Bilder, die ich mit einem Mal zu begreifen schien."[5]

Obwohl LSD eine völlig neue, künstliche Substanz war, die in der Natur so nicht vorkam, existierten bereits Erfahrungen mit ähnlichen Alkaloiden, die allerdings in der Natur vorkamen. Eines davon war das im Peyotekaktus enthaltene Meskalin, das bei den Indianern in Mexiko und im Süden der USA als sakrale Droge im religiös-medizinischen Kontext eingenommen wird. Mehrere deutsche Chemiker hatten dazu wertvolle Vorarbeit geleistet. Der Berliner Pharmakologe Louis Lewin untersuchte den Kaktus bereits 1886. Aufgrund der halluzinogenen Wirkung hatte Lewin den Peyotl in die eigens geschaffenen Kategorie „Phantastika" eingeordnet. Arthur Heffter gelang es 1896, aus dem Peyotekaktus das wirksame Prinzip Meskalin zu isolieren. Ernst Späth konnte 1919 Meskalin in seiner chemischen Struktur auflösen und synthetisch herstellen. Damit war man nicht mehr auf die unsichere Ernte von Wüstenkakteen angewiesen.

Psychologen, Psychiater und Neurologen experimentierten mit Meskalin und entwickelten das Konzept einer Modellpsychose. Da bereits winzige Mengen Meskalin ausreichten, um im Körper eine radikale Veränderung der Wahrnehmung hervorzurufen, glaubte man, dass durch eine noch unbekannte körpereigene Substanz in ähnlicher Weise Schizophrenie ausgelöst werde könne. Durch die Einnahme von Meskalin hoffte der Therapeut in sich eine temporäre Psychose auszulösen, um mit dem Schizophrenen auf Augenhöhe zu stehen und Einblicke in dessen Welt zu erhalten.

Auch Künstler und Intellektuelle versuchten sich an dem Phantasticum, um durch den Perspektivenwechsel neue Einblicke in die Realität zu erhaschen. Schriftsteller wie Ernst Jünger und Aldous Huxley nahmen Meskalin, lange bevor sie LSD probierten.

Ende der 1950er trat eine weitere Substanz hinzu, die ebenso wie LSD aus einem Pilz gewonnen wurde. Eine Zeitungsnotiz machte 1956 Albert Hofmann auf einen Pilz aufmerksam, der von den Indianern Mexikos im Rahmen ritueller Zeremonien verspeist wurde und im Anschluss Visionen und Halluzinationen erzeugte. Ebenso wie Peyotl ist der Teonanacatl genannte Pilz den Indios heilig. 1957 gelang Hofmann in Basel die Identifikation und Isolation der wirksamen Bestandteile Psilocybin und Psilocin. Die Substanzen gehören wie LSD zu den Indolverbindungen und ähneln dem körpereigenen Botenstoff Serotonin.

Sechs Jahre nach der Entdeckung der psychischen Effekte brachte der Sandoz-Konzern LSD-25 unter dem Markennamen Delysid in den Handel. Delysid gelangte nicht in den freien Verkauf, konnte aber als Versuchspräparat von Forschungsinstituten und Ärzten bei Sandoz beantragt und kostenlos bezogen werden. Damit begannen die Versuche am Menschen im globalen Maßstab. Die Vorgehensweise mag heutzutage befremdlich wirken, aber angesichts parallel durchgeführter Insulinschocktherapie, hochdosierter Elektroschocks, Deprivation und Lobotomie, für deren Erfindung António Egas Moniz sogar den Medizinnobelpreis erhielt, kann diese Experimentierfreudigkeit durchaus nicht als ungewöhnlich angesehen werden.

Delysid gab es in fester Form als Dragée à 25 Mikrogramm oder als Flüssigkeit in der Ampulle à 100 Mikro-

gramm. Dragées haben den Vorteil der eindeutigen Dosierbarkeit, während Tropfen gut in anderen Flüssigkeiten verdünnt werden können. Delysid warb mit folgenden Eigenschaften: Es erzeuge „vorübergehende Affektstörungen, Halluzinationen und Depersonalisationserscheinungen", was zu einer Lockerung oder gar Aufhebung der Ich-Du-Schranke führen kann. Das sollte vor allem den Patienten helfen Kontakt zu ihrem Therapeuten aufzubauen, die in einem ich-bezogenen Problempanzer eingesperrt lebten. Außerdem führte Delysid zum „Bewusstwerden verdrängter Erlebnisse" und erleichterte die anschließende Integration des Erlebten.
Laut Beipackzettel war Delysid explizit für zwei Personengruppen gedacht. Einmal für die Patienten, „zur seelischen Auflockerung bei analytischer Psychotherapie, besonders bei Angst- und Zwangsneurosen." Zum anderen für Ärzte und Therapeuten, um an sich selbst „experimentelle Untersuchungen über das Wesen der Psychosen" durchzuführen und „Einblicke in die Ideenwelt des Geisteskranken" zu gewinnen. Da die Betroffenen sich auf LSD in einer psychischen Ausnahmesituation befinden, folgte unten fett gedruckt der Hinweis, solange das Medikament wirke, sei eine fachärztliche Überwachung vonnöten. Kein Zweifel, der Geist war aus der Flasche.

Die Fünfziger.

Das neue Phantastikum machte in Psychiatriekreisen schnell die Runde, denn sowohl die Wirkung als auch die Anwendungsgebiete schienen fantastisch. Man testete Delysid zum Verständnis von Geisteskrankheiten, als Express-Seelenöffner in der Psychotherapie sowie zur Behandlung von Alkoholismus und Heroinsucht. Hinzu kamen weitere unverhoffte Anwendungsgebiete, denn manche verwendeten das LSD bereits zur Selbsterforschung, als Kreativtrigger oder als mystisches Abendmahl. Da die Wahrnehmung ähnlich ver*rückt* erschien wie nach der Einnahme von Meskalin, konnte das LSD an den schon vorhandenen Meskalin-Diskurs andocken, diesen überlagern und verdrängen.
Der Autor Ernst Jünger hatte bereits Erfahrungen mit Meskalin gemacht, als er 1951 das neue Produkt aus dem Haus Sandoz probierte. Auch der britisch-amerikanische Schriftsteller Aldous Huxley war Meskalin-erfahren, bevor er sich an Lysergid heranwagte. Huxleys drogenphilosophisches Essay „Die Pforten der Wahrnehmung", das er im Anschluss an seinen Erstversuch mit Meskalin im Frühjahr 1953 schrieb, wurde zu einem Schlüsseltext der psychedelischen Bewegung und durfte in keiner Wohngemeinschaft der sechziger und siebziger Jahre fehlen. Die darin formulierte Filter-Hypothese besagt, dass das Alltagsbewusstsein nur einen geringen Teil von dem enthält, was über die Sinnesorgane hinein- und über

das Gedächtnis zurückflutet. Laut Huxley „verfügt potentiell jeder von uns über das größtmögliche Bewusstsein", aber um als biologisches Wesen in jedem Augenblick überlebensfähig zu sein, reduzierten Gehirn und Nervensystem diesen Bewusstseinsstrom auf ein elementar wichtiges und überschaubares Rinnsal.[6] Gewisse Drogen würden diesen Reduktionsfilter allerdings ausschalten und größere Bereiche des größtmöglichen Bewusstseins zugänglich machen. Seinem Aufsatz hat Huxley ein Zitat des englischen Mystikers William Blake vorangestellt: „Würden die Pforten der Wahrnehmung gereinigt, erschiene den Menschen alles, wie es ist: unendlich." Innerhalb seines Essays verwendet Huxley die Pforten-Metapher im doppelten Sinne: für die Sinnesorgane und für Rauschdrogen. Einerseits sind es die Rauschmittel, die die Pforten der Wahrnehmung, sprich: die Sinne, durchlässiger machen; andererseits sind es die Drogen selbst, die als „Türen" zu Lehrräumen für die „nonverbale Ausbildung" oder für „chemische Ferien" dienen. Jim Morrison fand durch die Lektüre dieses Textes den programmatischen Namen seiner Band: The Doors. Auch die Existenz des Wortes „psychedelisch" geht auf Aldous Huxley zurück. Im Briefwechsel mit dem britischen Psychiater Humphrey Osmond korrigierte er dessen Vorschlag „psychodelisch", womit das Vermögen von Meskalin und LSD gemeint war, die Seele zu offenbaren. Abgeleitet ist der Begriff von den griechischen Worten „Psyche" (Seele) und „delos" (offenbar, deutlich, klar, einleuchtend).

Humphrey Osmond, Sidney Cohen, Carlheinz Leuner und Oscar Janiger gehörten zu den Ärzten, die ernsthaft mit LSD experimentierten, Daten erhoben und veröffentlichten. Dr. Janiger hatte 1954 eine LSD-Erfahrung gemacht und infolgedessen in Los Angeles eine Privatklinik eröffnet, in der er unter anderem Stars wie Jack Nicholson, James Coburn und Anaïs Nin mit LSD behandelte. Janiger untersuchte, inwieweit LSD das persönliche Wachstum verbessern sowie die Kreativität steigern konnte. Nebenher erfand er das „Microdosing", denn er behandelte depressive Patienten, indem er ihnen über einen längeren Zeitraum eine allmorgendliche Minimaldosis verabreichte, die zwar das Wohlbefinden verbesserte, aber keinerlei Halluzinationen bewirkte.[7]

Weitere mögliche Einsatzgebiete ersann der US-amerikanische Auslandsgeheimdienst. Ab den fünfziger Jahren entwickelte sich zwischen den USA und der Sowjetunion ein Kalter Krieg. Da man in Regierungskreisen der USA annahm, dass die Sowjetunion an neuartigen Waffen arbeite, setzte die CIA ein spezielles Programm auf und startete eigene Versuche. Das Ziel war es, Bomben zu entwickeln, die nicht töteten, sondern den Feind stattdessen desorientierten, geistig verwirrten und somit kampfunfähig machen sollten. Zu den Stoffen, die zu diesem Zwecke getestet wurden, sich jedoch nicht bewährten, gehörte auch L.S.D. Im Sommer 1953 startete die CIA mit der Operation MK-ULTRA ein Programm zur Bewusstseinskontrolle mittels Drogen.[8] Zum einen suchte die CIA nach Substanzen, die als Wahrheitsserum eingesetzt werden konnten, zum anderen erforschte man Methoden, mit denen ein Kriegsgefangener oder feindlicher Agent durch Gehirnwäsche „umgedreht" werden konnte. Dazu hatte die CIA schon mit Meskalin, Alkohol, hochkonzentriertem Cannabisextrakt und Barbituraten experimentiert.

Das Konzept der Wahrheitsdroge, die einen Menschen dazu bringt, seine innersten Gedanken und wahren Gefühle zu äußern, war bereits ein Thema vorangegangener Jahrzehnte gewesen. Die schwedische Autorin Karin Boye hatte 1940 den Zukunftsroman „Kallocain“ veröffentlicht, in dem der Forscher Leo Kall die nach ihm benannte Wahrheitsdroge in den Dienst eines absoluten Staates stellt.

MK-ULTRA war die Idee des späteren CIA-Chefs Richard Helms. Im Namen der nationalen Sicherheit brach man gleich mehrere Gesetze. Um Erfahrungen im Umgang mit LSD zu gewinnen, nahmen anfänglich die involvierten Geheimdienstmitarbeiter und freiwillige Soldaten die Droge. Als der Überraschungseffekt an Ahnungslosen erforscht werden sollte, tröpfelten sich die Geheimdienstleute untereinander die geschmacklose Substanz in die Getränke. Diese Art der Menschenversuche wurde rasch ausgeweitet und verließ unter der wissenschaftlichen Leitung des angesehenen Psychiaters Dr. Ewen Cameron das Regierungsgelände. Ohne vorherige Absprache behandelte Cameron in seiner Klinik einzelne Zivilisten mit einer selbstkreierten Form von Gehirnwäsche – mit dem Einverständnis der CIA. Durch Gaben von hohen Dosen LSD, monatelanger Schlaftherapie, starken Elektroschocks und endlos von Tonband abgespielten Botschaften sollten die Versuchskaninchen „umprogrammiert“ werden.

Einige öffentliche Aufmerksamkeit erregte der Fall Frank Olson. Olson war 1953 infolge von LSD-Versuchen aus dem Fenster gesprungen (andere sagen, er wurde gestoßen) und ums Leben gekommen. Nachdem Teile des Falls in den siebziger Jahren bekannt geworden waren, entschuldigte sich US-Präsident Gerald Ford bei der Witwe, die fortan eine staatliche Rente erhielt. Restlos aufgeklärt wurde der Fall jedoch bis heute nicht.

Unabhängig von den militärischen Versuchen in den USA wurde auch hinter dem Eisernen Vorhang mit LSD geforscht, so in Bulgarien und der Tschechoslowakei. In der ČSSR stellten ab 1956 Jiri Roubiček und Milan Hausner unabhängig voneinander Untersuchungen an. Milan Hausner behandelte bis 1974 in rund 3000 therapeutischen Sitzungen 300 Patienten, viele davon aufgrund einer Alkoholsucht. Zu seinen Assistenten gehörte auch ein gewisser Stanislaw Grof, der sich 1956 von Hausner in die psycholytische Behandlung einweihen ließ. Grof selbst forschte mit zunehmend höheren Dosen, um in tiefenpsychologisch interessante Bereiche vorzudringen. Als 1963 das Sandoz-Patent zwanzig Jahre nach dem *Bicycle Day* erlosch, übernahm die tschechische Pharmafirma Spofa United Pharmaceutical Works die Produktion, und die ČSSR verfügte von 1963 bis 1974 über eigene Bestände. 1967 übersiedelte Grof in die USA, wo er bis zum völligen LSD-Verbot weitere Versuche unternahm und sich in mehreren Büchern umfassend zum Thema äußerte. Im kommunistischen Bulgarien führte die Psychiaterin Marina Bojadijewa insgesamt 140 Versuche durch. Zwischen 1962 und 1968 verabreichte sie Doktoren, Künstlern, Bergarbeitern, Fernfahrern und sogar Gefängnisinsassen zu Versuchszwecken LSD-25. Die Dosierung reichte von der Minimaldosis von 25 Mikrogramm bis zu moderaten 100 Mikrogramm. Das LSD kam direkt von Sandoz aus der Schweiz. Als Antidot lag vorsichtshalber immer eine Spritze mit 50 Milligramm Chlorpromazin bereit.

1951 Ernst Jünger: Im Neuronengewitter

Das Satiremagazin Titanic widmete dem Schriftsteller Ernst Jünger im April 1995 eine ganze Titelseite in grellbunten Falschfarben. Inszeniert wurde der damals Hundertjährige als Mitglied der „Generation XXL“ mit der Schlagzeile „Drogengott Ernst Jünger feiert 100 Jahre Ecstasy“. Der Innenteil begrüßte den Leser mit einer Greser-Karikatur, in der Jünger Joint rauchend auf Bundeskanzler Helmut Kohl reitet, während Bundespräsident Roman Herzog im Hintergrund die Käfersammlung des Autors vernascht. Die Rentnerorgie war selbstverständlich eine Anspielung auf die Psychedelika-Experimente, die Albert Hofmann und Ernst Jünger in den fünfziger, sechziger und siebziger Jahren zusammen im heimischen Wohnzimmer durchführten.

Der Kontakt zwischen den zwei älteren Herren kam 1947 auf Initiative Albert Hofmanns zustande, der dem Lieblingsschriftsteller vieler Konservativer postalisch zum Geburtstag gratulierte und sich als Fan outete. Bald schickte man sich Honig, Gedichte und Bücher. Die Kernthemen ihrer Korrespondenzen waren Poesie und Drogen sowie damit zusammenhängende Fragestellungen. Der elitäre Einzelgänger interessierte sich vor allem für die Schärfung der Sinne und die Steigerung der Kreativität durch und nach Drogenkonsum. Auch wollte er die Grauzone zwischen Leben und Tod erforschen. Dazu verfügte er bereits über Erfahrungen mit Meskalin, das er im Jahr zuvor mit seinem Verleger Ernst Klett getestet hatte.

Bezeichnend ist, wie sich Jünger und Hofmann vor ihrem LSD-Trip über die Alltagsdrogen Kaffee und Tee

austauschten. In seiner Einschätzung antizipierte Jünger die Entstehung der Leistungsgesellschaft, die eher auf Wachmacher setzt denn auf Traumschmiere:
„In unserer Zeit glaube ich übrigens weniger eine Neigung für die Phantastica als für die Energetica wahrzunehmen. Der Tee ist meiner Meinung nach ein Phantasticum, der Kaffee ein Energeticum – daher besitzt der Tee auch einen ungleich höheren musischen Rang."[9]
Nach diesen ersten Annäherungsversuchen kam es im Februar 1951 schließlich zur „Vorfrühlingsträumerei". Man traf sich in Hofmanns Wohnzimmer in Bottmingen, in der Schweiz, um in Anwesenheit den Arztes Prof. Heribert Konzett von dem psychedelischen Konfekt zu naschen. Jünger bezeichnete die Rauschreise als „Einstieg", als würde man unter LSD in eine unbekannte Höhlenwelt hinabsteigen. Aus Rücksicht auf den als sensibel eingeschätzten Schriftsteller verabreichte Hofmann eine Minimaldosis von lediglich 50 Mikrogramm. Die Initiation verlief denn auch ohne Probleme, war dem mit Opium, Haschisch und Meskalin erfahrenen Weltkriegsveteran allerdings zu kraftlos. Laut Hofmanns Erinnerung verleitete das Jünger zu der Bemerkung: „Verglichen mit dem Tiger Meskalin ist dein LSD nur eine Hauskatze."

Man erfreute sich an den Schwaden eines Räucherstäbchens und entzündete daran farbenprächtige Träumereien und mäandernde Gedanken. Die Zusammenkunft verarbeitete Jünger poetisch verschlüsselt in seiner im Jahr darauf erschienenen Erzählung „Besuch auf Godenholm".

Auch andere Psychedelika wurden gemeinsam ausprobiert. Im Frühjahr 1962 trafen sich die Senioren zum

Gegenbesuch im Wohnzimmer von Ernst Jünger. Diesmal testete man 20 Milligramm des chemisch verwandten Pilzgiftes Psilocybin. Des Weiteren zugegen waren der Orientalist Dr. Rudolf Gelbke und der Leibarzt Heribert Konzett. Das Pilz-Symposion begann nach Sonnenuntergang und dauerte bis weit nach Mitternacht. Hofmann verschlug es in eine mexikanische Totenstadt, Jünger streifte durch einen maurischen Palast. Am Ende der Reise landete man zur Musik von Mozart und stärkte sich mit einer warmen Mahlzeit.

Am 7. Februar 1970 fand um 10:25 Uhr in der Oberförsterei Wilflingen der letzte gemeinsame LSD-Trip der inzwischen über Sechzigjährigen und Siebzigjährigen statt. Jüngers Dosis betrug nun 150 Mikrogramm, also das Dreifache seiner Initiationsdosis und Hofmann begnügte sich mit 100 Mikrogramm. „Schmeckt nach Nichts", fand Jünger.[10] Und da ging die Reise los, mit Getöse, riesengroß. Worte versagten, die Kommunikation wurde telepathisch: „Wir bedurften der Sprache nicht; ein Blick genügte, um ein wortloses Einverständnis herzustellen."[11]

Nichtsdestotrotz gelang es den beiden Psychonauten, während des „Einstieges" ein Logbuch zu führen und sich stichpunktartig Notizen zu machen. Das beheizte Arbeitszimmer und die Bibliothek bildeten eine behagliche Raumkapsel, während es draußen zu schneien begann. „Unser Boot schlenkert gewaltig. Auch das Nüchterne," befand Hofmann um 12:10 Uhr und Jünger notierte gegen 12:45 Uhr: „Für einen Augenblick Identität."[12] Das Kurzprotokoll veröffentlichte Ernst Jünger in voller Länge in seinem Rauschband „Annäherungen", der zu einem Klassiker der deutschen Drogenliteratur wurde. Wer jedoch auf exzessive Rauschbeschreibungen hofft, wird enttäuscht, denn wie bei Jüngerscher Prosa üblich verbirgt sich das Geschehen hinter einer Mischung aus nüchternen Betrachtungen und ominösen Andeutungen. Eine Kostprobe: „Die Lichter werden greller, die Farben lebhafter, die Begierden treten nackt hervor. Die Glut war tief unter der Asche versteckt. Jetzt schlägt die Flamme hervor. Das Herz, die Lunge antworten. Die Sinne werden schärfer, auch für das Blut."[13] Ernst Jünger war von beiden „Höhlenforschern" der ältere, er starb 1998 im Alter von 102 Jahren; Hofmann folgte zehn Jahre darauf im Alter von ebenfalls 102 Jahren. Gefestigte Persönlichkeiten können bei sachgemäßem LSD-Gebrauch offenbar ein hohes Alter bei geistiger Gesundheit erreichen.

1959 Cary Grant: Das unsichtbare Dritte

Cary Grant war ein britischer Schauspieler, der sich als smarter Gentleman im amerikanischen Filmgeschäft etablieren konnte. Zu seinen größten Erfolgen zählen bis heute die Rentnerkomödie „Arsen und Spitzenhäubchen" sowie die Hitchcock-Thriller „Über den Dächern von Nizza" und „Der unsichtbare Dritte". Auf der Liste der 25 größten männlichen Filmstars des American Film Institute landete Cary Grant auf Platz 2, direkt hinter Humphrey Bogart und vor James Stewart, Marlon Brando und Fred Astaire. Das Publikum liebte den braungebrannten Sonnyboy mit dem Grübchen am Kinn und war auch an seinem Privatleben rege interessiert. Die Frauen wollten Cary Grant und die Männer so sein wie er. Sogar er selbst wolle Cary Grant sein, bemerkte er

mal in einem Bonmot. Dabei war dieser Wunsch gar nicht so aus der Luft gegriffen, denn Cary Grant war eine selbst erschaffene Künstlerpersönlichkeit.
Der Gentleman, der in seinen Hauptrollen weibliche Schauspielikonen wie Ingrid Bergmann, Grace Kelly und Audrey Hepburn küssen durfte, hieß in Wirklichkeit Archibald Leach und stammte aus bescheidenen Verhältnissen in der englischen Hafenstadt Bristol. Als Archie zehn Jahre alt war, verschwand seine Mutter von einem Tag auf den anderen; der Vater hatte sie in eine Nervenanstalt einweisen lassen, erzählte dem Jungen aber, sie sei verreist, und später, sie wäre tot. Das sollte Grants Verhältnis zu Frauen nachhaltig beschädigen. Durch die Einnahme von LSD poppte dieses kindliche Trauma wieder ins Bewusstsein und Grant erkannte selbstkritisch: „Ich hatte bei jeder meiner Frauen den Fehler gemacht, zu glauben, sie sei so etwas wie meine Mutter." Fortan wollte er alles besser machen und hart an sich arbeiten. Seine Intention war es nun, sich und andere glücklich zu machen.
Nicht schlecht staunte die amerikanische Öffentlichkeit des Jahres 1959, als Cary Grant verschiedenen Presseerzeugnissen, wie der Tageszeitung *The New York Herald Tribune*, der Illustrierten *Look* oder dem Hausfrauenmagazin *Housekeeping*, Interviews gewährte, in denen er nicht nur für seinen neuen Film „Unternehmen Petticoat" Reklame machte, sondern auch für das weithin unbekannte Wundermittel LSD. Dank einer LSD-gestützten Psychotherapie habe er neue Einsichten in sein Leben und sein Verhältnis zu Frauen gewonnen, ja, er fühle sich sogar wie neu geboren. „All die vertanen Jahre", meinte der seit zwei Jahrzehnten erfolgreiche Hollywoodstar, „warum

habe ich das nicht schon früher getan?" Das Publikum horchte auf. Durch Grant erfuhr der Durchschnittsamerikaner erstmals von dem sagenhaften Phantastikum. Zuvor hatten sich fast ausnahmslos Mediziner in wissenschaftlichen Aufsätzen dazu geäußert und die anspruchsvollen, teilweise etwas esoterischen Texte von Ernst Jünger und Aldous Huxley dürften kaum breite Bevölkerungsschichten erreicht haben.
Cary Grant war bereits 55 Jahre alt, als er das erste Mal im „Psychiatric Institute of Beverly Hills", der Gemeinschaftspraxis der Doktoren Mortimer A. Hartman und Arthur L. Chandler, Lysergsäurediäthylamid in Pillenform schluckte. Seine Ehefrau, die Schauspielerin Betsy Drake, hatte ihn darauf gestoßen. Drake war bereits bei Dr. Hartman in Behandlung, um ihre Ehekrise zu beheben. Ihrem neurotischen Gatten empfahl sie ebenfalls eine psycholytische Sitzung. So wurde das LSD in ihrer Beziehung der unsichtbare Dritte. Nach einer Anamnese, die eventuelle Psychosen von vornherein ausschließen sollte, legte sich der Superstar mit einer Augenbinde auf die Couch und reiste zu sanfter Musik durch die Sphären seines Unterbewusstseins. Die Dosis war stets moderat, mystische Einsichten oder außerkörperliche Erfahrungen waren bei Hartman nicht erwünscht. Alle Äußerungen des Patienten wurden während der Innenreise mit einem Tonbandgerät aufgezeichnet, um sie hinterher nach psychologischen Gesichtspunkten auszuwerten. Die Magnetbänder scheinen Cary Grant auch inspiriert zu haben, denn er meinte, Menschen seien Computern ähnlich und kämen mit einem leeren Magnetspeicher zur Welt. „Dieses Magnetband wird vor allem von unseren Müttern bespielt, hauptsächlich weil unsere Väter auf

der Jagd oder in der Arbeit sind. Die Mütter können jedoch nur das weitergeben, was sie selbst wissen, und vieles von dem ist ungenügend, wird aber dennoch an das Kind weitergereicht. Ich bin zu dem Schluss gekommen, dass ich wiedergeboren werden müsste, um das Magnetband von diesen Spuren zu reinigen."[14]

So kam Grant über drei Jahre an jedem Samstagvormittag gegen 9 Uhr in die Praxis und defragmentierte seine seelische Festplatte. Im Laufe des Nachmittags verließ er dann das Haus, für die Heimfahrt sorgten Freunde oder Bekannte.

Hartman und Chandler waren nicht die einzigen in Los Angeles, die ihre Patienten im Rahmen einer Psycholytischen Therapie mit LSD behandelten, aber sie waren bei weitem die wirtschaftlich erfolgreichsten. Satte 100 US-Dollar kostete das bunte Nachmittagsprogramm, der Preis richtete sich vornehmlich an die gehobene Mittelschicht von Los Angeles. Von einfühlsamer psychologischer Betreuung konnte hingegen keine Rede sein, denn der behandelnde Dr. Hartman war ausgebildeter Radiologe und erst durch seine eigene Therapie auf dieses Geschäftsmodell gestoßen. Den Psychiater Chandler hatte Hartman nur mit ins Boot geholt, um seinem Psychiatrischen Institut die nötige Glaubwürdigkeit zu verleihen. Die notwendige Arznei bezog man in pharmazeutisch reinster Form direkt vom Hersteller Sandoz.

Zurück zu Grant. Als wesentliche Erfahrung seines Lebens schätzte Grant ein Erlebnis aus seiner ersten Sitzung ein: „Als ich mit dem LSD anfing, wälzte ich mich unruhig auf dem Sofa hin und her. Ich fragte den Arzt, warum ich mich die ganze Zeit herumwälzen müsse, aber der Arzt fragte nur zurück, weißt du es nicht? Ich hatte nicht die leiseste Ahnung. Er meinte, wenn du damit aufhörst. Das war wie eine Offenbarung für mich, ich erkannte, dass ich für meine Taten allein verantwortlich bin."[15]

Diese Anekdote ist ein gutes Beispiel für die Fähigkeit des LSD, alltägliche Situationen in einem neuen Licht zu betrachten und aus scheinbar einfachen Sätzen tieferliegende Botschaften herauszuhören.

Im April 1962 absolvierte der Frauenschwarm bereits seine 72. LSD-Sitzung. Die Scheidung im selben Jahr von seiner Noch-Ehefrau Betsy Drake, mit der er immerhin 13 Jahre verheiratet war, konnte er damit allerdings nicht mehr abwenden. Man lebte bereits seit vier Jahren getrennt, blieb aber befreundet. Es folgten Ehefrau Nr. 4 und 5, allerdings mit einem freudigen Nachspiel. Mit 60 Jahren wurde Cary Grant das erste Mal Vater; seine Tochter Jennifer Grant ist heute ebenfalls Schauspielerin.

An über 100 LSD-Sitzungen will Grant insgesamt teilgenommen haben, bevor die Substanz ab 1966 schrittweise verboten wurde. Seinen humorvoll mit „Mahatma" titulierten Therapeuten Mortimer Hartman bedachte Archibald Leach in seinem Testament immerhin mit einer Summe von 10.000 US-Dollar. Auf die hedonistische Acid-Handhabe der aufkommenden Hippiebewegung reagierte der alternde Superstar hingegen eher grantig und bezeichnete sie als verantwortungslos. Dabei dürfte sich sein Ansatz nicht wesentlich von dem der Hippies unterschieden haben. „Mein Ziel bei der Einnahme von LSD war immer, mich selbst glücklich zu machen", sagte er einem Journalisten der *New York Times*. „Man wäre ein Dummkopf, wenn man etwas zu sich nähme, das einen unglücklich macht."

Die Sechziger.

Wenn wir von den Sechzigern oder peppiger: den Sixties sprechen, meinen wir sowohl die Dekade als auch eine Ära. Gemeinhin haben wir dann bestimmte Bilder vor Augen: Studentenproteste, Mädchen in Miniröcken, Männer mit langen Haaren, Spiralmuster, Woodstock. Analog zum britischen Historiker Eric Hobsbawn, der von einem „kurzen 20. Jahrhundert" sprach und damit die Zeitspanne von 1914 bis 1991 meinte, können wir von den Sixties als „kurzer Dekade" sprechen. Die Ära der Sixties trieb irgendwann zwischen 1965 und 1966 ihre Knospen, als aus Beatniks und Beatles eine neue Jugendkultur erblühte: die Hippies. Die Hippies gingen gegen den Vietnamkrieg auf die Straße und für die freie Liebe ins Bett. Die Hippies probierten alternative Formen des Zusammenlebens aus und glaubten an die Ankunft einer neuen Epoche in der Menschheitsgeschichte, dem Zeitalter des Wassermanns. Damit waren auch sie die Kinder einer Zeit, die trotz Kaltem Krieg und atomarer Bedrohung von Fortschrittsgläubigkeit geprägt war. Neuartige Kunststoff ersetzten klassische Materialien wie Holz, Glas, und Metall. Menschen flogen ins All und landeten auf dem Mond. Besonders der Einfluss der Raumfahrt auf die LSD-Kultur darf nicht unterschätzt werden, denn parallel zu Kosmonauten und Astronauten bereiste man als Psychonaut oder Neuronaut den eigenen Nervenkosmos. LSD wurde zum All-

heilmittel erklärt, das aus jedem Spießer einen besseren Menschen und aus allen zusammen eine bessere Gesellschaft machen konnte. Acid war das Sakrament des psychedelischen Zeitalters, der biochemische Weg zu Gott. Die Hippie-Welle in den USA wurde an der Ostküste von Timothy Leary und an der Westküste von Ken Kesey losgetreten und schwappte spätestens im „Sommer der Liebe“ über das ganze Land.
Im April 1966 verpasste das TIME-Magazin der britischen Hauptstadt den Beinamen „Swinging London“. Fast alle Bereiche der Popkultur (Mode, Malerei, Werbung und TV) gerieten in den Strudel einer neuartigen Kunterbuntheit, doch nirgendwo wirkte das psychedelische Zeitalter so transformierend, wie in der Musik. The Byrds flogen 1966 „Eight Miles High“ und landeten damit den ersten psychedelischen Tophit. Vordergründig ging es um eine Flugreise nach London, aber der Titel und das angejazzte Gitarrenspiel machten nicht nur die BBC misstrauisch. Weitere Künstler zogen nach. Der Schotte Donovan erzielte mit der Single „Sunshine Superman/The Trip“ seinen einzigen Nummer-Eins-Hit in den USA, Count Five warnten von einer „Psychotic Reaction“, The Animals schwärmten von „A Girl Named Sandoz“ und die Amboy Dukes machten eine „Journey To The Center Of The Mind“. Die britische Band The Smoke war mit ihrer Single „My Friend Jack (eats sugarlumps)“ vor allem in Deutschland erfolgreich, während Jefferson Airplane mit „White Rabbit“ einen zeitlosen Klassiker hervorbrachten. Jimi Hendrix stellte 1967 die alles entscheidende Frage: „Are You Experienced?“, und Eric Burdon antwortete noch im selben Jahr: „Yes I Am Experienced“. Und für den Jazzpianisten Horace Silver

wurde die Single-Auskopplung „Psychedelic Sally“ 1968 ein großer Erfolg.
Während sich die Jugend prächtig amüsierte, war die Elterngeneration bereits dabei, der ganzen Party ein Ende zu bereiten. Schon im Oktober 1966 kam das LSD-Verbot in Kalifornien, zwei Jahre darauf in allen übrigen Staaten der USA. Allerdings schoss die Regierung über das Ziel hinaus und untersagte nicht nur die Herstellung, den Besitz und den Erwerb, sondern auch das Forschen mit LSD. Ihrer Meinung nach besaß die Substanz plötzlich keinerlei therapeutischen Wert mehr und wurde in die höchste Gefahrenklasse eingestuft. Dafür überschwemmten neue, gefährlichere Drogen den Schwarzmarkt, Kokain, Heroin, Angel Dust und STP. Ein englischer Gitarrist namens Eric Clapton machte eine traumatische Einstiegserfahrung, als ihm Mickey Dolenz, Sänger der Boygroup The Monkees, im Sommer 1967 „Super-LSD“ in die Hand drückte. „Super-LSD“ ist alles andere als Lysersäurediäthylamid, also kein LSD. STP (auch: DOOM) ist ein vollsynthetisches Halluzinogen aus der Apothekerfamilie der Amphetamine, Wirkungsweise und Wirkungsdauer sind völlig anders. Clapton glaubt sich zu erinnern:
„Ich hatte keine Ahnung, was das war, aber irgendjemand erklärte mir, dass es sich dabei um superstarkes Acid handelte, dessen Wirkung tagelang anhalten würde. Wir nahmen alle eine Tablette bis auf Charlotte, die für den Notfall verabredungsgemäß nüchtern blieb [...] Ich blieb drei Tage lang high. Ohne Charlottes Begleitung wäre ich wahrscheinlich verrückt geworden. Die meiste Zeit sah ich die Welt durch eine mit Hieroglyphen und mathematischen Gleichungen beschriftete Scheibe.“[16]

Auch andere Musiker machten mit Drogen Bekanntschaft, die nichts mit LSD gemein, aber dafür fatale Folgen hatten. Nacheinander starben unter merkwürdigen Umständen und durchweg im Alter von 27 Jahren Brian Jones, Jimi Hendrix, Janis Joplin, Jim Morrison. Viele Musikjournalisten machen an diesen Toten zugleich das Ende der Sixties fest, andere sehen die Morde der Manson-Family und das Gratis-Konzert der Rolling Stones auf dem Altamont Speedway, bei dem ein Zuschauer von Hell's Angels erstochen wurde, als Sargnägel der Hippiebewegung. Das kann man so sehen, wenn man augenfällige Zeichen sucht. Allerdings spielten Hippies und LSD bis weit in die siebziger Jahre hinein eine Rolle.

1960 Ken Kesey: Trip or Treat

Ken Kesey hat mit 25 Jahren einen Debütroman vorgelegt, der von Kirk Douglas als Bühnenstück adaptiert und von Miloš Forman mit Jack Nicholson in der Hauptrolle verfilmt wurde: „Einer flog über das Kuckucksnest“. Die Geschichte handelt von einem verhaltensauffälligen Außenseiter, der sich in eine Irrenanstalt einweisen lässt, um nicht ins Gefängnis zu müssen. Dort verbrüdert er sich mit den Insassen und macht deutlich, wie verrückt das Anstaltsregime und somit die Gesellschaft eigentlich sind.
Noch Ende der Fünfziger Jahre war Kesey ein vielversprechender Vorzeigeamerikaner: groß, blond sportlich und musisch begabt. Der Ringer-Champion hatte sich 1958 mit einem Stipendium für Kreatives Schreiben an der Stanford University eingeschrieben und ein Studentenzimmer in der Perry Lane bezogen. Die Perry Lane,

„ein Arkadien gleich hinter dem Golfplatz der winzigen Stadt“ (Wolff, Kool-Aid Acid Test), war das Zuhause von weiteren angehenden Schriftstellern, Beatniks und Bohémiens. Kesey arbeitete zunächst an einem Roman, der den Arbeitstitel „Zoo“ trug. Um Geld zu verdienen, meldete er sich als Nachtwächter in der psychiatrischen Abteilung des nahegelegenen Menlo Park Veterans Hospitals. Da nachts nicht viel passierte, konnte er nebenher an seinem Buch arbeiten.

Kesey erfuhr von einem Forschungsprogramm im Veterans Hospital, bei dem im Auftrag der Regierung verschiedene neuartige Gehirndrogen getestet wurden. Für eine Sitzung erhielt ein freiwilliger Proband 75 Dollar Aufwandsentschädigung.[17] Der Kraftprotz aus Oregon nahm an der CIA-finanzierten Studie teil und lernte die machtvolle Wirkung von LSD, Meskalin, Psilocybin, IT-290 und anderen Substanzen kennen. Trotz ihrer rabiaten Wirkung gefielen Kesey die „psychotomimetischen Drogen“. „Es war so, als würde uns eine große Hand am Kragen packen und uns über zwölf Stunden festhalten. Es war höllisch, denn plötzlich sahen wir uns selbst, all die Dinge, die wir gemacht hatten, die Fehler, die Schwächen, die Grausamkeiten.“[18] Der Top-Athlet wollte mehr davon, freundete sich mit dem zuständigen Arzt an und besorgte sich Nachschub. Nun konnte er auf eigene Faust und in lockerer Runde mit Phantastika experimentieren. Beispielsweise bereitete man ein leckeres Wildbret-Chili, gab ein Prischen LSD dazu und harrte freudig der Dinge, die da kommen mochten. Kesey und sein Kreis zogen sich Sachen rein, „die in der ganzen Welt nur ihnen und einigen avantgardistischen Neuropharmakologen bekannt waren, Drogen der Zukunft aus dem Zentrifugen-Utopia der Neuropharmazie."[19] In den Nachtschichten war Kesey manchmal auf Meskalin und wischte stundenlang den Boden, um niemandem in die Augen sehen zu müssen. Dabei beobachtete er die Insassen, für die er plötzlich große Empathie entwickelte. Manchmal setzte er sich auch berauscht an den Schreibtisch und arbeitete unter dem Eindruck von LSD an einem Roman, der sich in eine völlig andere Richtung zu entwickeln begann und in einer Irrenanstalt spielte. Die Idee zu dem gehörlosen Indianerhäuptling, aus dessen Perspektive die Geschichte erzählt wird, kam Kesey durch den Einfluss von Peyote. Chief Bromden ist der perfekte Beobachter, da er alles aus nächster Nähe sieht und hört, aber von den anderen als taubstumm angesehen und darum ignoriert wird. Kesey beendete schließlich das Manuskript, und schon 1962 erschien sein Romanerstling.

Das Debüt wurde ein voller Erfolg und Kesey konnte die Film- und Bühnenrechte an Kirk Douglas verkaufen. Von seinem neuen Vermögen kaufte sich der 26-jährige eine Farm, *La Honda*, 50 Kilometer südlich von San Francisco. In der Waldeinsamkeit beendete er seinen zweiten großen Roman. Ein Teil der Partypeople aus der mittlerweile mit der Abrissbirne eingeebneten Perry Lane kam an den Wochenenden vorbei, um berauschende Zusammenkünfte zu zelebrieren mit Kostümen, improvisierter Livemusik, technischen Frickeleien, Lautsprecherboxen im Wald, Bier, Lagerfeuer und einer Prise LSD. In dieser Ferienlageratmosphäre entstand eine gänzlich neue Subkultur, die Acidheads, aus denen sich schnell eine feste Gruppe herausschälte, die sich selbst „The Merry Pranksters" nannte, „Die fröhlichen Possenreißer". Die Merry Pranksters trugen gern fantastische Kostüme und Masken, bemalten Oberkörper und Gesichter mit DayGlo-Leuchtfarbe, hüllten sich in selbstgeschneiderte Teile der Landesflagge und gaben sich alberne Comic-Namen wie Doris Delay, Mal Function, Stark Naked und Mountain Girl. Als der zweite Roman unter dem Titel „Manchmal ein großes Verlangen" erschien, beschloss Kesey zur Buchpremiere nach New York zu fahren, und die Merry Pranksters sollten ihn begleiten. Für den Roadtrip quer durch die USA kaufte er einen ausrangierten Schulbus (Baujahr 1939), und auf das Ferienlager folgte die Klassenfahrt.

Magic Bus Trip.

In chemisch inspirierten Malaktionen wurde der gelbe Schulbus in ein Gruppenkunstwerk verwandelt und mittels Lautsprecher, Mikrophone, Mischpult und Tonbandgerät zu einem multimedialen Wanderzirkus aufgerüstet. Getauft wurde das Wunderwerk der Technik auf den Namen FURTHUR, ein Kofferwort aus FUTURE (Zukunft) und FURTHER (weiter). Hinter das Steuer klemmte sich kein geringerer als die Beatniklegende Neal Cassidy. (Allen Ginsberg hatte sich von ihm zu dem Gedicht „Howl" inspirieren lassen, und Jack Kerouac machte Neal Cassidy mit seinem „Unterwegs"-Roman als Dean Moriarty unsterblich.) Auch diese Reise sollte verewigt werden, nur hatte man statt Stift und Schreibblock diesmal Ton- und Filmequipment im Gepäck. Die Endlosmeter an Aufnahmen landeten jedoch in der Schublade und wurden erst 2011 von Oscarpreisträger Alex Gibney für seinen Dokumentarfilm „Magic Trip: Ken Kesey's Search For a Kool Place" gesichtet und verwertet.

In New York besuchten die Pranksters Allen Ginsberg und Jack Kerouac, aber auch die einzige andere LSD-Kommune, von der man wusste: das Millbrook-Anwesen, wo Timothy Leary mit seiner Entourage residierte. Junge Hippies trafen auf gealterte Beatniks, doch Westküste und Ostküste kamen nicht zusammen. Das durch Speed beschleunigte Auftreten der Possenreißer befremdete die in Yoga und Meditation versunkenen Intellektuellen. Leary blieb gar auf seinem Zimmer und ließ sich nicht blicken, während die Pranksters durch Haus und Garten tollten.

Wieder zurück auf La Honda setzte man die wöchentlichen Acid-Partys fort. Im Sommer 1965 tauchte eine völlig neue Kategorie Freaks auf dem Farmgelände auf und machte mit dem LSD Bekanntschaft: die Hell's Angels. Der Journalist Hunter S. Thompson, der den Kontakt zu den Outlaw-Bikern hergestellt hatte, schrieb gerade an seinem Rockerporträt und schilderte die Zusammenkünfte so: „Es war nur wenig Marihuana im Umlauf, aber jede Menge LSD, das damals noch legal war. Da waren all diese Leute, die ausflippten, grölten und halb nackt zu lauter Rockmusik tanzten, die aus großen Verstärkern durch den Wald scholl..."[20]

Anfangs war man sich allerdings nur zögerlich nähergekommen. Die Pranksters fragten sich, wie die Marihuana-verwöhnten Biker wohl auf die neue Droge reagieren würden. Hunter S. Thompson: „Entgegen aller Erwartungen wurden die meisten Angels auf Acid seltsam friedlich. Von ein, zwei Ausnahmen abgesehen, kam man dann viel leichter mit ihnen zurecht, als wenn man sie auf eigenem Terrain stocknüchtern antraf. Das Acid setzte viele ihrer bedingten Reflexe außer Kraft."[21]

Schnell wurde La Honda zum Anlaufpunkt der Angels aus ganz Nordkalifornien. Dem Gastgeber Ken Kesey verging zunehmend die Lust auf diese Gruppentreffen, denn am Ende musste er die Hinterlassenschaften wegräumen und die Schäden beseitigen. Etwas neues musste her, und der Acidtest wurde geboren. Bei den Acidtests ging es darum, das Konzept der Acid-Partys in die umliegenden Städte zu bringen und die Leute dort abzuholen, wo sie lebten. Mit dem Acidtest wurde Kesey zum Vater der Hippiebewegung, einer völlig neuartigen Jugendkultur.

Acidtests.

Der erste Acidhärtetest im November 1965 fand aus organisatorischen Gründen noch im privaten Rahmen statt, denn man traf sich in einem Wohnhaus. Aber schon bald füllte man die Säle der Westküste. Die Werbung erfolgte durch Handzettel, auf denen eine Frage gestellt wurde: „Can you pass the Acid Test?“ Die Frage enthielt ein Wortspiel. Mit dem Säuretest bestimmten die Goldsucher ursprünglich den Goldgehalt von Erzen; Acid war aber auch ein Slangwort für LSD.

Stanislaw Grof, der von 1956 bis 1967 in der ČSSR klinische Studien durchführte, hatte anfangs auch Gruppensitzungen mit LSD durchgeführt, fand aber die Ergebnisse eher entmutigend. In seinem Standardwerk „LSD-Psychotherapie“ schreibt er: „Geordnete und einheitliche Gruppenarbeit ist gewöhnlich nur mit kleinen LSD-Dosen möglich, von denen die Gruppenmitglieder psychisch nicht sehr tief berührt werden. Bei höherer Dosierung verläuft die Gruppendynamik in Richtung des Gruppenzerfalls. Jeder Teilnehmer erlebt die Sitzung auf seine ganz persönliche Weise, und den meisten fällt

es schwer, das individuelle Erleben den Erfordernissen des Gruppenzusammenhalts zu opfern."[22]
Es fällt schon ausreichend schwer, sich eine größere Gruppe konkret vorzustellen. Schwerer dürfte es sein, sich ein Publikum auf LSD vorzustellen. Bei den Acidtests in Portland, San Francisco und Los Angeles war genau das der Fall. Die Grenzlinie zwischen Bühne und Publikum verlief ungenau, alle waren einbezogen, niemand ein passiver Konsument. Den Beschreibungen zufolge hatten die Acidtests immer etwas von Zirkusrummel, Rosenmontagskarneval und Kindergeburtstag. Man bemalte sich die Gesichter, die Brust und mehr mit Leuchtfarbe, andere verkleideten sich oder trugen Masken. Im Hintergrund stimmten die Grateful Dead ihre Instrumente und jammten. Das Licht wechselte fortwährend die Färbung oder flackerte im Takt des Stroboskops. Alles war darauf aus, die Sinne zu stimulieren und das Bewusstsein zu verändern. Aufsteigen, abfahren, wegfliegen. Die meisten waren schwer unterwegs, sicher, aber nicht immer in derselben Richtung. Vor allem die Pranksters und die Dead waren LSD-erfahren, aber andere nicht. Einige waren im Bilde, was da ablief, aber andere wurden komplett überrascht, denn sie hatten bloß Gratislimonade getrunken. Einige erwischten eine kleine Dosis und staunten mit offenen Mündern, andere bekamen Zuviel und sahen sich plötzlich mit ihren größten Ängsten konfrontiert.
Tom Wolfe: „Die Acidtests waren einer jener seltenen Verstöße gegen die guten Sitten, einer jener Skandale, die einen neuen Stil oder gar eine neue Weltanschauung begründen, und diese Linie führte geradewegs zum Trips-Festival vom Januar 1966."[23]

Trips-Festival. Ein Mixed Media Entertainment.
Das Trips-Festival vom 21. bis 23. Januar 1966 ging auf eine Idee des Biologen Stewart Brand aus dem Umfeld der Merry Pranksters zurück. Angebliches Ziel der Organisatoren war es, mithilfe moderner optischer und akustischer Effekte ein LSD-Erlebnis zu simulieren. Allerdings musste nur wenig simuliert werden. Als Veranstalter des Multi-Media-Entertainments konnte der Impresario Bill Graham gewonnen werden. Für das Wochenende mietete man die Longshoreman's Hall in San Francisco und lud alles dorthin ein, was Klang und Namen hatte. Die Grateful Dead, Jefferson Airplane, The Great Society mit Grace Slick, The Charlatans und – zum ersten Mal vor Publikum – Big Brother & the Holding Company. Darüber hinaus gab es Straßentheater, Pantomimen, ein Trampolin, offene Live-Mikrophone, Luftballons, Discokugel, Stroboskop, Schwarzlicht, Day-Glo-Leuchtfarbe sowie die bei den Acidtests übliche Kombination von Licht- und Filmprojektionen.
Das Trips-Festival schlug bei der jugendlichen Zielgruppe ein wie ein Meteorit. Es definierte nicht nur den Ablauf eines Rockkonzerts neu, sondern nahm mit den Lichteffekten auch die Diskotheken der Siebziger vorweg. Rund 6000 Zuschauer hatten die Veranstaltung besucht. Psychedelische Bluesbands wie Quicksilver Messenger Service, Steppenwolf, Iron Butterfly, Country Joe & the Fish, Moby Grape, die Santana Blues Band, die Steve Miller Blues Band usw. schossen wie Pilze aus dem Boden. Zwei Wochen später startete Bill Graham im Fillmore Auditorium ein regelmäßiges „Tanzvergnügen" mit Bands aus der Umgebung. Chet Helms organisierte im nahen Avalon Ballroom ein ähnliches Ereignis

und verhalf Janis Joplin als Frontfrau der Big Brother & the Holding Company zum Durchbruch.

Auch die Acidtests wurden fortgesetzt und endeten erst am 31. Oktober 1966. Bereits am 6. Oktober war LSD in Kalifornien verboten worden, und Kesey musste den Behörden das Zugeständnis machen, die Acid Test Graduation im Winterland Ballroom vollkommen ohne „Starkstrombrause" durchzuführen. Die Abmachung wurde von den Besuchern umgangen, indem sie sich schon daheim zurechtmachten und mit geweiteten Pupillen erschienen. Zuvor hatte man sich aufseiten der Gesetzeshüter in einer bizarren Situation befunden. Das vergleichsweise harmlose Marihuana war verboten, das wesentlich potentere LSD hingegen völlig legal.

Im Januar 1967 kam es in San Francisco zum ersten *Human Be-In*, wieder ein Wortspiel. Das Anliegen der Organisatoren war es primär, die unterschiedlichen Strömungen der Gegenbewegung – Hippies, Linke, Bürgerrechtler – zusammenzuführen und zu einen. Rund 25.000 Teilnehmer folgten dem Aufruf und fanden an dem ungewöhnlich warmen Januartag im Golden-Gate-Park zusammen. Die Teilnehmerzahl zeigte allen Seiten deutlich, wie sehr die Gegenbewegung angewachsen war, auch wenn einige Besucher sicherlich aus bloßer Neugier oder wegen des Gratiskonzerts der Grateful Dead vor Ort gewesen sein dürften. Manche brachten sogar ihre Kinder mit. Bis zum Woodstock-Festival mit seinen 400.000 Besuchern und der weltweiten TV-Aufmerksamkeit sollten nur noch zweieinhalb Jahre vergehen.

1962 Timothy Leary: Tune in, turn on, drop out

„I asked Bobby Dylan / I asked The Beatles / I asked Timothy Leary / But he couldn't help me either."
– The Who: The Seeker

Für seine Anhänger war er ein Befreier des Bewusstseins, für Präsident Richard Nixon hingegen war er der „most dangerous man in America". Er selbst bezeichnete sich schon mal als „High Priest of LSD", mit der Betonung auf *high*. An Timothy Leary schieden sich die Geister, für manchen schien er sogar von allen guten Geistern verlassen. In der Geschichte des LSD ist Leary die schillerndste Persönlichkeit, denn er war der Multiplikator, der eine ganze Generation mit seiner LSD-Euphorie ansteckte. Der aufkeimenden Hippiekultur legte er zum präparierten Zuckerwürfel einen knackigen Slogan mit auf die Zunge: „Tune in! Turn on! Drop out!"
Intellektuelle blieben von der Redegewandtheit dieses Überzeugungstäters ebenso wenig verschont wie die Hippies. Leary verfügte über das Talent, seiner jeweiligen Hörerschaft genau das zu sagen, was diese hören wollte. Dem Sinnsucher versprach Leary mystisch-religiöse Einsichten, dem Introvertierten turbulente Reisen durch den inneren Kosmos, dem Aktivisten die Erweiterung des persönlichen und gesellschaftlichen Bewusstseins und dem Liebeshungrigen das stärkste Aphrodisiakum der Welt. Und Leary törnte sie alle an: die Beatniks Allen Ginsberg, Neal Cassidy, Jack Kerouac und William S. Burroughs; den Schriftsteller Arthur Koestler, den Jazzkomponisten Charlie Mingus, den Regisseur Otto Pre-

minger, ... Musikikonen wie John Lennon, The Who und die Moody Blues verewigten den Namen des LSD-Gurus in eingängigen Popsongs.

Noch Ende der 1950er steckte Timothy Leary in einer tiefen Sinn- und Lebenskrise. Seine Ehefrau hatte sich das Leben genommen und ihn mit den zwei Kindern allein gelassen. Auch zweifelte der erfahrene Psychologe den Sinn und Nutzen seines Berufsstandes an. Nach sechzehn Jahren Forschung und Lehre kam er zu dem Schluss, dass psychologische Behandlungen sinnlos seien, da sie den meisten Patienten keine signifikante Verbesserung brachten: nur einem Drittel ging es danach besser, aber einem Drittel sogar schlechter. „Ich war in der tristen Lage, einen Beruf auszuüben, der nicht zu funktionieren schien.“[24]

Nach einer Auszeit wechselte Leary von der West- an die Ostküste und wurde Seminarleiter für Doktoranden der Psychologie an der Harvard-Universität. Mit der Transaktionspsychologie wollte Leary einen neuen Ansatz verfolgen. Die septische Distanz zwischen Therapeut und Patient sollte aufgehoben werden, um die Probleme direkt zu beobachten und zu therapieren. In seinen Vorlesungen warb Leary dafür, statt in die sterilen Krankenhäuser und Kliniken lieber dorthin zu gehen, wo die Probleme entstanden: auf die Straße, in die Gefängnisse, Drogenmilieus, Waisenhäuser etc. Der Lehrplan sah auch Besuche bei Selbsthilfegruppen wie den Anonymen Alkoholikern und Synanon vor. Hierbei faszinierten Leary die dezentralen Strukturen, die Selbstvertrauen, Optimismus und Eigenverantwortlichkeit stärkten. Bei einer Abhängigkeit, aber auch bei vielen anderen psychischen Erkrankungen, ist eine Verhaltensänderung die Grundvoraussetzung einer Heilung.

Psilocybin.

Während eines Mexikourlaubs im Sommer 1960 machte Timothy Leary seine erste psychedelische Erfahrung, da war er gerade 40 Jahre alt. Ein Kollege hatte Leary von mexikanischen Zauberpilzen berichtet, die bei den Indios seit Generationen im Rahmen eines Rituals eingenommen werden, ähnlich dem Peyote im Südwesten der USA. Man besorgte sich einige dieser Pilze und startete zu fünft einen Selbstversuch. Nach einer kurzen Übergangsphase, bei der ein Teilnehmer den anderen skeptisch beäugte, setzte die unvergleichliche Wirkung ein. Die Umgebung erfuhr eine merkwürdige Veränderung und „alles zitterte vor Leben, sogar die unbelebten Gegenstände."[25]

Ein Student, der sich enthalten hatte und die Situation wissenschaftlich begleitete, machte im Auftrag der Gruppe Notizen. Als Leary sah, wie Bruce ihn beobachtete, ging ihm auf, dass sie beide Welten trennten. Hier das chaotische Durcheinander angeregten Erlebens, dort das strikt geordnete Nacheinander der Schrift. Hier Gehirnfasching, dort Nüchternheit. Leary: „Er wusste ja gar nicht, was er da beobachtete!"[26] Auch konnte er sich nicht mitteilen, denn die Sprache als Mittler geriet an ihre Grenzen. Leary kam zu dem Schluss, dass man die Pilze probiert haben musste, um ihre Wirkung wissenschaftlich beurteilen zu können. Seine zentralste Erkenntnis war jedoch, dass Menschen sich ihres Verhalten bewusst werden und es daraufhin ändern konnten, schlagartig. Halluzinogene erschienen ihm als Trigger für eine Art Express-Psychoanalyse. Timothy Leary glaubte, die universelle Psycho-Arznei zur Heilung der Menschheit gefunden zu haben. „Schon eine Pille nimmt dich

auf den Arm und macht das Trübe hell, das Kalte warm", heißt es bereits bei Gottfried Benn.
Zurück in Harvard orderte Dr. Timothy Leary eine gehörige Menge Psilocybin, das chemisch wirksame Prinzip der Rauschpilze, und begann zu experimentieren. Unter der Bedingung, keine Erstsemester einzubeziehen, gab die Universitätsleitung ihr Einverständnis. Um ein Gefühl für den Wirkungsablauf und die richtige Dosierung zu erhalten, testete Leary das Halluzinogen zuerst an und mit seinen Doktoranden und Mitarbeitern. Auch Gäste des Hauses, wie der Beatpoet Allen Ginsberg und der Autor Arthur Koestler, wurden initiiert. Jeder, der Interesse bekundete, durfte die Pille schlucken. Anhand der gesammelten Beobachtungen entwickelte Leary seine Theorie des Set & Setting, des Einflusses innerer und äußerer Faktoren. Mit Set bezeichnete Leary die Umgebungsatmosphäre des Trips, mit Setting war die seelische Ausgangssituation des Trippers gemeint. Durch die Abstimmung von Set und Setting könnten „Horrortrips" vorgebeugt und vermieden werden. Ansonsten habe die Droge „wenig spezifisch vorhersagbare Wirkungen."[27]
Ein zufälliger Besucher in Harvard war der Schriftsteller Aldous Huxley, dessen Meskalin-geschwängerte Essays „Die Pforten der Wahrnehmung" und „Himmel und Hölle" Timothy Leary gerade erst gelesen hatte. Nach einer gemeinsamen Sitzung fragte Leary den Zukunftsforscher, was er mit dieser Substanz anfangen solle. Huxley hatte eine Vision parat, doch er schien noch nicht ganz ausgenüchtert zu sein. Leary solle sich als Agent der Evolution betätigen und die Entwicklung der Menschheit auf chemischer Basis vorantreiben. Dazu müsse er die politischen und wirtschaftlichen Eliten „einweihen". Al-

len Ginsberg war anderer Meinung, nicht nur Eliten, sondern jedermann sollte angetörnt werden. Künstler, Maler, Musiker genössen natürlich Vorrang, da sie als Multiplikatoren wirken würden. Ginsberg wollte diese Bewusstseinsrevolution persönlich vorantreiben. Er bediente sich aus Learys Vorrat, zog durch die Lande und initiierte u.a. die Jazzmusiker Thelonious Monk, John Coltrane und Dizzy Gillespie.[28]

Im Rahmen universitärer Forschungsprojekte wurde Psilocybin außerdem an Gefängnisinsassen getestet, und diese hinterfragten plötzlich ihre Straftaten. Man gab Psilocybin an Alkoholiker, und diese reflektierten plötzlich ihren Alkoholmissbrauch. Im sogenannten Karfreitagsexperiment verhalfen Dozenten der Theologischen Fakultät in einer Doppelblindstudie einer Gruppe von zehn angehenden Priestern zu einem mystischen Soforterlebnis. Das Psychedelikum schien für vieles gut zu sein. Anfangs führte Timothy Leary genau Buch über die Anzahl der Experimente und Probanden: „Nach vier Monaten hatte unser Forschungsprojekt über einhundert Versuchspersonen mit Psilocybin bekanntgemacht.“[29] Bald schon waren es 300 Versuche, darunter angeblich keine schlechten Trips.

LSD.

Im Frühjahr 1962 wurde Timothy Leary dann mit der Wirkung von LSD bekannt. Wie schon bei den Pilzen erfolgte der Kontakt durch informelle Kreise. Die Dosierung ergab sich situativ, wissenschaftliche Standards blieben gänzlich außer Acht. Ein dubioser Besucher löffelte LSD-getränkte Zuckerpaste aus einem Mayonnaiseglas, das ursprünglich einem Spinnenexperiment vorbehalten war. Als „Kreuzritter der Bewusstseinserweiterung“ (Leary) zog Michael Hollingshead durch die Welt, um die Menschheit mit einer Prise seines Süßstoffs zu erleuchten. Als Hollingshead von Learys Psilocybin-Experimenten hörte, kam er nach Harvard. Anfangs lehnte Leary ab, denn das LSD hatte für ihn den zweifelhaften Ruf einer von der CIA finanzierten Kriegsdroge. Doch dann ließ er sich verleiten:

„Es dauerte etwa eine halbe Stunde, bis ich eine Wirkung verspürte. Dann kam sie plötzlich und unwiderstehlich. Ich drehte und wand mich sanfte, faserige Lichtalleen hinunter, die mich zu einem zentralen Punkt führten (...) Alles, was ich je erlebt und worüber ich gelesen hatte, tanzte in einer großen Blase um mich herum...“[30]

Auch zwanzig Jahre nach dem Erlebnis spricht Leary von einer Zäsur in seinem Leben: „Ich habe mich nie von dieser ontologischen Konfrontation erholt. Es ist mir nie wieder möglich gewesen, mich oder die gesellschaftliche Welt ganz so ernst zu nehmen.“

Überzeugt von der wirkungsmächtigeren Potenz des intergalaktischen Süßstoffs ersetzte Timothy Leary die Pilzdroge Psilocybin durch die wesentlich stärkere Pilzdroge LSD. Auch seine Mitarbeiter, Kollegen und Studenten experimentierten fortan mit der Supersubstanz. Doch schon die Pilzexperimente schienen aus dem Ruder gelaufen zu sein, denn sie riefen kritische Kollegen auf den Plan. „LSD ist so stark, dass bereits eine kleine Dosis eintausend Gerüchte in Umlauf bringen kann“, war Learys entnervter Kommentar.[31] Ein Vorwurf der Kollegen lautete, wissenschaftlichen Anforderungen wäre nicht ausreichend genüge getan, da sowohl Probanden als auch Versuchsleiter unter Einwirkung der Droge standen. Ein anderer Kritikpunkt war die Belohnung aller Teilnehmer mit einem erwartbaren Rauschzustand, da es keine Vergleichsgruppe gab und die Teilnahme freiwillig erfolgte. Außerdem lagen Hinweise vor, dass Erstsemester involviert waren. Leary wehrte die Kollegenschelte mit Verweisen auf die Transaktionspsychologie zurück und verteidigte sein Vorgehen. Seine Versuche zeitigten überraschend positive Ergebnisse, bei richtigem Set und Setting führte die gesteigerte Wahrnehmung zu einer tieferen Einsicht mit anschließender Verhaltensmodifikation. Sein Datenmaterial beweise die „positive Gehirnveränderung".

Der psychedelische Harvardeur machte weiter wie gehabt und nahm unermüdlich psychedelische Konfirmationen vor, inklusive Sommerlager in Mexiko. Neuerdings brachten geschickte Chemiestudenten selbst fabriziertes LSD in Umlauf, die Zahl der Acidpartys sprang rapide an. Jugend forscht, und die Universitätsleitung sah es mit Unbehagen. Im Frühling 1963 wurde Dr. Timothy Leary schließlich von seiner Lehrtätigkeit entbunden. Die offizielle Begründung lautete, Leary habe den Lehrplan nicht erfüllt. Um seine LSD-Forschungen im außeruniversitären Feld weiter vorantreiben zu können, gründete Leary mit seinen Mitarbeitern Richard Alpert und Ralph Metzner die International Foundation of Internal Freedom (IFIF), ein Forschungsinstitut, das interessierten Bürgern gegen Bezahlung den richtigen Umgang mit Psychedelika wie Meskalin, Psilocybin und Lysergsäure vermitteln wollte. Die für die Workshops nötigen Mengen Tripstoff wollte man in großem Maßstab industriell in Mexiko produzieren.

Timothy Leary besaß das Sendungsbewusstsein eines religiösen Eiferers und Charismatikers. Leary hatte eine

Mission und diese Mission lautete, die Welt in einen besseren Ort zu verwandeln, indem man alle Menschen mit LSD bekannt machte. Durch dieses ambitionierte Großprojekt kam Leary mit den unterschiedlichsten Menschen in Berührung, zum Beispiel mit den Millionenerben Peggy, Tommy und Billy Hitchcock, die für weitergehende Experimente ihr Anwesen samt Landhaus zur Verfügung stellten. So wechselte die psychedelische Fakultät im September 1963 von Cambridge nach Millbrook, wo sie bis 1968 exilierte.

Leary, Alpert und Metzner veröffentlichten 1964 „The Psychedelic Experience", ein LSD-Handbuch, das sich am Tibetischen Totenbuch orientierte. Teile der Einleitung inspirierten John Lennon zu der Beatles-Collage „Tomorrow Never Knows". Auch Leary erkannte das propagandistische Potenzial von Schallplatten„ um seine Botschaft unters Volk zu bringen. So nahm er das Spoken-Words-Album „Tune In! Turn On! Drop Out!" auf. Der Slogan geht auf eine Anregung von Marshall McLuhan zurück, der meinte, Learys Initiative bedürfe einer griffigen Werbebotschaft, um in der Bevölkerung Fuß zu fassen. Unter der Dusche ersann Leary schließlich den vieldeutigen Spruch „Turn on, tune in, drop out!" (Törn an, mach mit, steig aus!), den er im Januar 1967 auf dem ersten *Human Be-In* in San Francisco vor 25.000 Menschen verkündete.

Im Frühsommer 1969 machte Leary vor Journalisten seine Kandidatur für das Amt des kalifornischen Gouverneurs öffentlich. Mit diesem Schritt wollte er die Wiederwahl des konservativen Amtsinhabers Ronald Reagan vereiteln (und seine eigene Verurteilung umgehen). Als Unterstützer und Sponsoren für seinen Wahlkampf mobiliserte Leary die Untergrundpresse (San Francisco Oracle, Rolling Stone) sowie namhafte Musiker. John Lennon lud Leary und seine Frau Rosemary zu seinen politischen Flitterwochen (Bed-In) in Montreal ein und verewigte das Pärchen in seiner Friedenshymne „Give Peace a Chance" („Everybody's talking about John and Yoko, Timmy Leary, Rosemary").

In einer eigens anberaumten Jamsession spielten Stephen Stills (Buffalo Springfield), John Sebastian (The Lovin' Spoonful), Buddy Miles (Electric Flag) und Jimi Hendrix am Bass für Leary ein Instrumentalstück ein, das als Auftaktsong einer Wahlkampfplatte diente, die ihresgleichen sucht. „You Can Be Anyone This Time Around" stellt ein Kuriosum in der Musiklandschaft dar und gilt als eine der ersten Platten, die auf Samples zurückgreift. Während Timothy Leary sein originelles Steuerprogramm verkündet und mit hypnotisch-säuselnder Stimme die Vorzüge psychedelischer Drogen anpreist, hören wir im Hintergrund Samples von den Beatles (The Ballad of John and Yoko), Allen Ginsberg (Howl), den Rolling Stones (Sympathy for the Devil), Jefferson Airplane (My Best Friend) und Ravi Shankar. Die Innovation des Sampling sollte sich allerdings erst zehn Jahre später im Hip-Hop durchsetzen. Dem Album war ein psychedelisches Plakat mit Learys Wahlkampfmotto beigefügt: „Come together and join the Party!" Der Slogan wurde von John Lennon aufgegriffen, kam allerdings zu spät für Learys Wahlalbum. „Come Together" fand seinen Platz stattdessen auf dem Beatles-Album „Abbey Road".

Wie schon bei Ken Kesey versuchte der Staat Timothy Leary durch eine unverhältnismäßig hohe Strafe für Marihuana-Besitz aus dem Verkehr zu ziehen. 1970 wurde der Hohepriester des LSD wegen weniger Gramm Cannabis zu zehn Jahren Gefängnis verurteilt. Mithilfe der Weathermen, einer Untergrundorganisation, gelang ihm noch im selben Jahr die Flucht aus dem Gefängnis und in die Schweiz. Während seines Schweizer Exils nahm er mit Musikern der deutschen Krautrockband Ash Ra Tempel die Platte „Seven Up“ auf und traf auch den LSD-Entdecker Albert Hofmann. Für Hofmann war Leary der „LSD-Apostel“, der aus seinem vielversprechenden Psychostimulanz eine verbotene Rauschdroge gemacht hatte. Nicht einmal zu Forschungszwecken waren Ausnahmen möglich. Nach seiner Einreise nach Afghanistan wurde Leary von Beamten der US-amerikanischen Drogenbehörde DEA auf dem Flughafen festgenommen und in die USA überstellt. Nach dem Verbüßen einer mehrjährigen Haftstrafe beschäftigte sich Timothy Leary intensiv mit Computern, der Besiedlung des Weltraums und den Anfängen des Internets. Von seiner lautstarken LSD-Begeisterung war er indes abgerückt. Als er 1996 an Krebs starb, hatte die amerikanische Öffentlichkeit längst ihren Frieden mit dem Staatsfeind von gestern gemacht. Im April 1997 wurden sogar Teile seiner Asche von der NASA in eine Umlaufbahn geschossen. Hierbei handelte es sich um den ersten Versuch einer Weltraumbestattung. Learys sterbliche Überreste umkreisten zusammen mit den Mikro-Urnen des Star-Trek-Erfinders Gene Roddenberry und weiterer Persönlichkeiten die Erde und verglühten schließlich als menschgemachte Sternschnuppen in der Atmosphäre.

1963 The Doors: Slip Into Uncounsciousness

„This is the best part of the trip,
This is the trip, the best part,
I really like.“
– The Soft Parade

Wenn man die eigenwillige Mischung aus Blues-, Bach-, und Jazzelementen als Psychedelic Rock bezeichnen möchte, dann waren The Doors aus Los Angeles die weltweit erfolgreichsten Vertreter dieses Genres. Die Mischung aus Einflüssen von Gershwin bis Coltrane machte sie sogar in Europa höchst populär. Um einen gängigen Vergleich zu paraphrasieren: Während die Byrds mit ihrem verträumten Folkrock die amerikanische Variante der Beatles repräsentierten, waren die Doors mit ihrem düsteren Orgelblues die amerikanische Entsprechung der Rolling Stones.

Die Keimzelle der Doors war die Freundschaft zwischen James Morrison, dem Sohn eines hochrangigen Admirals aus Florida, und Raymond Manzarek, dem Sohn polnischer Immigranten aus Chicago. Sowohl Morrison als auch Manzarek liebten den aufkommenden Rock & Roll und lasen begeistert die Schriften der Beatpoeten. Kerouacs Schlüsselroman „On The Road“ animierte die musisch begabten Jugendlichen sogar dazu, gen Westen zu ziehen, nach Kalifornien, um sich an der UCLA für das Fach Film einzuschreiben. Ursprünglich wollten Jim und Ray Hollywood-Regisseure werden. Unabhängig voneinander besuchten sie den Regiekurs von Joseph von Sternberg („Der Blaue Engel“). Die gemeinsame Vorliebe für europäische Regisseure wie Godard, Truffaut, Fellini, Ingmar Bergmann und Sergej Eisenstein führte die beiden zueinander und machte sie zu Freunden.

Unter kalifornischen Kunst- und Filmstudenten war es zu Beginn der Sechziger durchaus üblich, wie die Beatniks Marihuana zu rauchen. Bald jedoch sollte eine Droge hinzukommen, der ein geheimnisvolles Versprechen von Bewusstseinserweiterung vorausging. Sowohl Jim als auch Ray probierten diese Droge. Raymond und seine Freundin Dorothy schluckten gemeinsam je 150 Mikrogramm, eine moderate Dosis; die Phiolen waren das Geschenk ihres Grasdealers. Ray wertete seine Einstiegserfahrung in seiner Autobiographie eindeutig positiv: „Ich war lebendig! Zum ersten Mal in meinem Leben verstand ich, was es hieß, wirklich lebendig zu sein."[32] Das Paar machte es sich in seiner Wohnung gemütlich und erfreute sich an den hereinfallenden Sonnenstrahlen. Ray reiste in Gedanken in den Mutterschoß zurück und durchlebte in Embryonalstellung eingerollt seine Geburt ein zweites Mal, nur diesmal mehr oder weniger bewusst. „Und als ich endlich meine Augen öffnete", schreibt er, „war ich wiedergeboren. Ich war ein neuer Ray Manzarek. Ich war derselbe wie zuvor, aber ich war gleichzeitig ein anderer. Ich hatte meine Ängste hinter mir gelassen. Ich hatte meine Kindheit hinter mir gelassen."[33] Eine Apfelsine betörte ihn durch ihr intensives Aroma und bewegte ihn zu einer Meditationen über Gott und die Welt. Durch die zusammenhängenden Segmente und Saftsäckchen der Orange erfasste er plötzlich intuitiv eine höhere Wahrheit: „Wir alle sind Gott." Und als Teilchen des großen Schöpfers könnte auch er, Ray Manzarek, schöpferisch tätig sein und sich eine eigene

Welt erschaffen und für diese Verantwortung übernehmen. Diese Erkenntnis bedeutete für den Musiker eine positive Bestärkung seiner künstlerischen Ambitionen.
Ein weiterer LSD-Trip bei Nacht entwickelte sich genau in die andere Richtung. Statt in den erwarteten Himmel fuhr Manzarek in seine persönliche Hölle hinab, „in einen Strudel von Angst und Panik. Ins Nichts.“[34] Statt göttlichem Einssein fühlte er absolute Isolation. Die Abfolge dieser metaphysisch entgegengesetzten Drogenerlebnisse machte aus Manzerek einen Suchenden, und wie viele Suchende dieser Ära (und hernach auch die Beatles) landete er im Yogakurs des Maharishi. Die Transzendentale Meditation sollte das erlebte Einheitsgefühl auf natürliche Weise wiedererwecken.
Jim Morrison nahm ebenfalls LSD, und zwar weit häufiger, äußerte sich jedoch nicht explizit zu seinen Ausflügen. Ray Manzarek: „Jim Morrison und ich sprachen nie detailliert über unsere LSD-Trips. Das war etwas Privates und, wenn ich das so sagen darf, Heiliges.“[35]
Im Mai 1965 beendeten Morrison und Manzarek ihr Filmstudium und es sah ganz danach aus, als würden sich ihre Wege hier trennen. Bereits im Juli kam es am Strand von Malibu zu einem geschichtsträchtigen Wiedersehen. Das war die Geburtsstunde der Doors. Ray lag nachdenklich am Strand, um sich über seine berufliche Zukunft klar zu werden, als ihm ein schmächtiger Bursche auffiel. Es war Morrison, der auf 65 Kilogramm Körpergewicht geschrumpft war. Wie sich herausstellte, lebte Jim bei einem Freund auf dem Bungalowdach, schluckte viel Acid und aß dafür kaum. In einem Schreibheft notierte er sich Gedichte und Satzfragmente, denn er wollte ein großer Dichter werden wie Arthur

Rimbaud (ebenfalls der Sohn eines Berufsoffiziers). Außerdem verfasste er Liedtexte zu Melodien, die ihm durch den Kopf gingen. Ray bat Jim, ihm eines seiner Lieder vorzutragen. Jim sang „Moonlight Drive", „My Eyes Have Seen You" und „Summer's Almost Gone". Ray ist vollauf begeistert und lässt ihn bei sich einziehen. Für beide ist klar: sie wollen eine Band gründen, die Rock und Bach miteinander kombiniert. Ray spielt die Orgel und Jim soll singen. Der Name der Band war eine Anspielung auf ein Zitat des Dichters William Blake: „If the doors of perception were cleansed everything would appear to man as it is, infinite."

In seinem Meditationskurs lernte Ray den Schlagzeuger John Densmore kennen, der wiederum seinen Freund Robbie Krieger, einen versierten Gitarristen, mitbringt. Man probte zusammen und Jim erteilte allen die Hausaufgabe, über das Wochenende einen Song zu schreiben. Robbie Krieger lieferte das Lied „Light My Fire", das mit Anleihen an John Coltrane auf sieben Minuten ausgeweitet wurde. Das fleißige Üben machte sich bezahlt und schweißte die Band zusammen. Ende 1966 spielten The Doors als Hausband in dem Nachtklub Whiskey A Go Go. Sie waren dort unter anderem die Vorgruppe von Buffalo Springfield und Them mit Van Morrison. Die Spezialität der Band waren längere, improvisierte Stücke, die sich wie akustische Trips durchs Unterbewusstsein zogen, was ein neugieriges Publikum anzog. Lieder über den Tod, die dunkle Seite, ekstatische Liebe, dazu der Klang der Hammondorgel, die Bluesgitarre und das Jazzschlagzeug – so etwas hatte es zuvor nicht gegeben. Als Jim eines Abends unter LSD-Einfluss textlich explizit wurde, gerät der Klubinhaber in Rage und feuerte die Band.

Eine Tür wurde zugeworfen, aber anderswo öffnete sich eine neue. Elektra Records wurde auf die Doors aufmerksam und bot ihnen einen Vertrag über drei Alben an. Die Musiker waren inzwischen so gut aufeinander eingespielt, dass sie ihr Debüt innerhalb von nur fünf Tagen aufnahmen. Als Single wurde eine gekürzte Version von „Light My Fire" ausgekoppelt. Der Titel schoss an die Spitze und landete vor „I Was Made To Love Her" von Stevie Wonder auf Platz 1 der Billboard-Charts.

Wie vor ihnen die Beatles und die Stones wurden auch die Doors zur Ed Sullivan Show eingeladen, einer landesweit ausgestrahlten Fernsehshow. Wie man es von ihm erwartete, sorgte Jim an diesem 17. September 1967 bei der CBS für einen kleinen Skandal. Trotz der Vorgabe, in der Liedzeile „Girl, we couldn't get much higher" das letzte Wörtchen wegzulassen, sang er den Text unverändert. Die Rolling Stones waren bei ihrem Auftritt im Januar noch kompromissfreudiger gewesen und hatten „Let's Spend The Night Together" in „Let's Spend Some Time Together" umgebogen.

Mittlerweile kam das Publikum nicht mehr nur wegen der „Schamanenmusik", wie Carlos Santana sie bewundernd nannte, sondern wegen des zu erwartenden Skandals. Jim agierte immer selbstbewusster, wurde aber auch unberechenbarer. Statt des Acids wurden zunehmend Alkohol, Kokain und andere Drogen seine stetigen Begleiter. Auf der Bühne und im Studio erschien Morrison mal leicht, mal stärker angetrunken. Der sensible Sänger entwickelte eine zweite Persönlichkeit, die von seinen Bandkollegen den Namen „Jimbo" verpasst bekam. Nüchtern konnte Jim Morrison der smarteste Mensch

der Welt sein, doch unter Alkohol wurde er zum Freak. Vielleicht ein Warnsignal, das darauf hindeutete, dass er mit dem wachsenden Erfolgsdruck nicht umgehen konnte, der als Frontmann auf ihm lastete. Nach Fertigstellung des vierten Albums „The Soft Parade" wollte Jim aussteigen und sich seiner wahren Berufung als Dichter widmen, doch der vier Jahre ältere Organist überredete ihn zu einem weiteren Album.
Insgesamt sechs reguläre Studioalben veröffentlichten die Doors in ihrer Karriere, bevor Jim Morrison in einer Pariser Badewanne starb. Depressiv, aufgedunsen und als Alkoholiker, ein trauriges Ende im Alter von 27 Jahren. Posthum erschien das Album „An American Prayer", eine Soundcollage mit seinen Gedichten, unterlegt mit der Musik der Doors. Die Platte zeigt, was Jim Morrison eigentlich machen wollte: Poesie.

1965 The Beatles: I'd Love To Turn You On

Im Mai 1966 hatte der Jazzpianist Thelonious Monk ein einwöchiges Engagement in Minneapolis, doch mitten im Konzert brach der 1,90 Meter große Musiker sein Klavierspiel unvermittelt ab, verließ den Veranstaltungsraum und kletterte auf die vor dem Haus parkenden Autos. Im April 1969 spielte Gram Parsons neue Band im Avalon Ballroom in San Francisco, die Flying Burrito Brothers standen als Vorgruppe der Grateful Dead auf der Bühne. Am letzten Abend verabreichte ein Scherzbold dem Gitarristen der Burritos, Sneaky Pete Kleinow, eine mit LSD versetzte Cola. Da Pete Kleinow panisch reagierte, ließ er sich ins Krankenhaus einliefern. Sein Abend war versaut und lange schimpfte er auf die

„fucking hippies", obwohl man ihn als Mitglied einer Band namens The Flying Burrito Brothers selbst für einen halten mochte. Vermutlich wurde ihm der Streich vorsätzlich gespielt, denn Sneaky Pete war der einzige in der Band, der drogenfrei lebte.

Mit Anwachsen der psychedelischen Revolution gab es immer mehr Menschen, die anderen Menschen ohne deren Wissen LSD in die Drinks tropften. Das konnte aus Jux passieren, um zu schauen, wie derjenige die Situation meisterte. Es konnte aus missionarischem Eifer geschehen, um den anderen anzutörnen und dessen Bewusstsein zu „erweitern". Es konnte aber auch herostratisch motiviert sein, um einen Markstein zu setzen: Seht her, ich habe als erster xyz LSD gegeben, ich habe sein/ihr Bewusstsein verändert, sprich: erweitert. Was die Gründe auch sein mögen, die Zwangsbeglückung ist auf jeden Fall moralisch fragwürdig und höchst kriminell.

Die Beatles galten zu Beginn ihrer Karriere als die netten Nachbarsjungen, die in einheitlichen Anzügen unschuldige Popsongs spielten. Wie so oft trügte der Schein. Dieses Image war das Konstrukt ihres Managers Brian Epstein, der erkannt hatte, dass die vier Pilzköpfe nur so ins Fernsehen und in die Vorstuben der Eltern gelassen wurden. In Wirklichkeit waren die Fab Four mit allen Wassern gewaschen und kannten sich in der Welt der Uppers und Downers weidlich aus. In einem Interview gab Lennon zu, dass er mit 17 angefangen habe, Pillen zu nehmen. Nur mithilfe von Pillen hätten sie den allnächtlichen Musikmarathon, den sie vor Seeleuten und Prostituierten auf der Hamburger Reeperbahn absolvierten, überhaupt durchstehen können. Am 28. August 1964 kam eine weitere Drogenerfahrung hinzu, und die sollte sich nachhaltig auf das Komponieren auswirken. Der Folkbarde Bob Dylan machte die Beatles mit Marihuana bekannt. In einer Hotelsuite probierte Ringo Starr als todesmutiger Vorkoster einen von Dylan gerollten Joint. Als er überlebte, wagten auch die restlichen Beatles einen Zug.

Ein ambitionierter Zahnarzt wollte in Dylans Fußstapfen treten und die Beatles mit einer neuen Droge bekannt machen, einer Droge, von deren Wirkung nicht einmal er selbst eine Ahnung hatte. Das war im Frühjahr 1965 und LSD legal. Der irre Dentist lud John Lennon und George Harrison samt ihrer Frauen auf sein Anwesen zum Essen und tröpfelte ihnen ohne ihr Wissen oder gar ihre Zustimmung LSD in den Kaffee. Doch dann geschah, womit der Veranstalter nicht gerechnet hatte, die Gäste wollten gehen. Dabei sollte es gerade gemütlich werden. Das großzügige Angebot des nervösen Zahnarztes, die Beatles in die Stadt zurückzufahren, wurde abgelehnt. Man zwängte sich stattdessen in Harrisons Mini, und George fuhr alle Beteiligten zu einem Nachtklub. Allerdings im Schneckentempo, denn irgendetwas hatte eingesetzt. Im Ad Lib angekommen ging die Reise, über deren Route alle völlig ahnungslos waren, erst richtig los. Das Ad Lib befand sich im obersten Stock eines Gebäudes am Londoner Leicester Place, Zugang bekam man über einen Aufzug. Obwohl der Fahrstuhl nach oben fuhr, wirkte ein winziges rotes Lämpchen auf die Berauschten wie ein Höllenfeuer. Bereits vor dem Gebäude hatten die Nachtschwärmer die Außenbeleuchtung für züngelnde Flammen gehalten. Lennon meinte später im Gespräch mit dem Rolling Stone: „Wir waren komplett neben der Spur. Es war schrecklich, aber auch fantastisch.“

Als die Vier an einem Tisch Platz nahmen, entspannte sich die Situation. John bemerkte lediglich, dass sich der Tisch unheimlich a-u-s-d-e-h-n-t-e. Man blieb sitzen und orderte Drinks. Während Lennon kleine Zeichnungen kritzelte, hatte Harrison eine mystische Erfahrung: „Es war wie ein Konzentrat des besten Gefühls, dass ich jemals im Leben hatte. Ich verliebte mich total, nicht in jemanden oder etwas bestimmtes, nein, in alles." Lennons Ehefrau Cynthia Lennon blieb der Abend weniger angenehm in Erinnerung: „Es war schrecklich: Ich hasste den Kontrollverlust, ich hasste es, nicht zu wissen, was da vor sich ging und was als nächstes passieren würde."[36]

Als der Klub sich leerte, waren die Beatles die letzten Gäste. Mit dem Mini ging es zu Harrison, wo sich alle bis auf Lennon schlafen legten:

„Und plötzlich verwandelte sich Georges Haus in ein riesiges Unterseeboot. Ich steuerte es, da alle anderen bereits zu Bett gegangen waren, und ich nun auf mich allein gestellt war. Es schien, über die 18 Fuß hohe Mauer zu schwimmen, aber ich steuerte es."[37] We all live in a yellow submarine.

George Harrison äußerte sich 1971, also ein Jahr nach Auflösung der Beatles und fünf nach dem LSD-Verbot, im US-amerikanischen Fernsehen recht positiv über sein Erlebnis: „Als wir die berüchtigte Wunderdroge LSD einnahmen, wussten wir nichts davon. Wir hatten nie zuvor davon gehört, und ich finde, das war auch gut so, dass wir nie zuvor davon gehört hatten. Mittlerweile wird so viel Paranoia um diese Droge herum erzeugt, dass die Leute, die sie probieren, bereits auf einem schlechten Trip sind, bevor sie angefangen haben."

Harrison befand, dass ihn und Lennon diese gemeinsame Erfahrung einander näher gebracht habe: „Nachdem wir zusammen Acid genommen hatten, verbesserte sich das Verhältnis zwischen mir und John. Es spielte plötzlich keine Rolle mehr, dass ich jünger oder kleiner war. John und ich verbrachten fortan eine Menge Zeit gemeinsam und ich fühlte mich ihm bis zum Schluss näher als den anderen."[38]

Der gemeinsame Rausch mochte den Jüngsten und den Ältesten der Band einander näher bebracht haben, aber er spaltete die Beatles auch. Paul McCartney war wenig davon angetan, eine Substanz einzunehmen, die alles umwarf: „Als Acid aufkam, hieß es, dass man danach nicht mehr derselbe ist. Es verändert dein Leben und dein Denken, und ich glaube, gerade diese Aussicht fand John aufregend. Mir hat das eher Angst gemacht. Ich dachte: Das fehlt mir gerade noch, so kleine Dinger, und ich komme nie mehr nach Hause."[39] Zwei Jahre später überwand er diese Angst und wagte eine Reise in die fernen Gestade des Denkens.

Am 24. August 1965 nahmen John und George zum zweiten Mal LSD, und Bandkollege Ringo Starr sollte auch eingeweiht werden. *Get high with a little help from my friends.* Auf Einladung der beiden Byrds-Gitarristen David Crosby und Roger McGuinn weilte man im Haus von Doris Days Sohn Terry Melcher in den Hollywood Hills. Die Byrds, eine amerikanische Version der Beatles, wollten sich mit dem gemeinsamen LSD-Trip für die neue Musik revanchieren. Ebenfalls im Haus anwesend war der Schauspieler Peter Fonda.

Der gemeinsame Ausflug sollte in vielerlei Hinsicht nachhaltige Spuren hinterlassen, denn George Harrison drohte, schlecht drauf zu kommen. Der hinzugerufene Peter Fonda meinte, dass man auf LSD „sterben" müsse, um wiedergeboren zu werden. Fortwährend flüsterte er: „Ich weiß, wie es ist, tot zu sein." Ringo und John, die in der Nähe waren, drohten ebenfalls schlecht draufzukommen. Lennon verarbeitete Fondas Mantra in dem Lied „She Said She Said", das auf dem Album „Revolver" erschien. Ringo ließ es bei diesem einen LSD-Versuch bewenden.

Doch bevor „Revolver" herauskam, musste das Album „Rubber Soul" aufgenommen und zum Weihnachtsgeschäft 1965 in die Läden gebracht werden. Und merkwürdig: wollten die Byrds ursprünglich wie die Beatles klingen, klangen die Beatles mit all den Folk-Elementen und dem Jingle-Jangle auf „Rubber Soul" wie die Byrds. Um den Fans einen gehörigen Appetit auf das Album zu machen, kamen die Beatles wiedermal mit einer Neuerung daher: der Double-A-Single. Dabei handelte es sich um die erste Supersingle, eine Platte mit zwei A-Seiten, was den kompositorischen Wettstreit innerhalb der Band widerspiegelte. John lieferte mit „Day Tripper" ein für ihn typisches Wortspiel ab, während Paul das versöhnliche „We Can Work It Out" beisteuerte. Lennon rockte und McCartney poppte. In Lennons Song geht es, man ahnt schon, um „Weekend Hippies", also um Leute, die unter der Woche brave Bürger sind und am Wochenende aus ihrem Alltagstrott ausbrechen und sich Trips einwerfen. Für Lennon waren diese Sonntagsfahrer eben nur „Day Tripper".

Lennon entwickelte sich schnell zum bekennenden Acidhead, zum LSD-Schlucker, was den folgenden Alben anzumerken ist, seiner Psyche allerdings nicht gut tat. Cynthia Lennon: „Wenn John trippte, war er mir völlig fremd. Er wurde distanzierter und stand dann so neben sich, dass er kleinen klaren Gedanken mehr fassen konnte. Ich hasste das. Innerhalb weniger Wochen fing er an, es täglich zu nehmen."[40]

Dem Rolling Stone gegenüber gestand John Lennon 1970 in einem Interview, dass er es ständig nahm, außer im Studio. Er sprach von rund tausend Trips. Erst als die schlechten Trips überhandnahmen, habe er davon abgelassen. Mitschuld an den *bad trips* sei das Handbuch von Timothy Leary gewesen, in dem die Zerstörung des Egos beschworen wurde. Lennon hatte die Aufforderung ernst genommen und nach und nach das Selbstvertrauen verloren. Hinzu kamen Probleme aus der Kindheit, wie der frühkindliche Verlust des Vaters und der Tod seiner Mutter Julia.

Bei dem erwähnten Buch handelte es sich um „The Psychedelic Experience", das Lennon im frisch eröffneten Indica Bookshop entdeckt hatte und gleich kaufte. Zuhause warf er LSD ein und folgte den Anweisungen des Handbuchs. Den darin enthaltenen Satz „Whenever in doubt, turn off your mind, relax and float downstream" übernahm Lennon unverändert als Auftaktzeile für „Tomorrow Never Knows". Der Titel mit den rückwärts eingespielten Klangschnipseln ist eine für die Beatles ungewöhnliche Soundcollage und erinnert in keinster Weise an die Anfänge der Band.

„Revolver" erschien im August 1966, und Lennon bezeichnete es als „Acid Album". Während McCartney mit „Got To Get You Into My Life" noch die Vorzüge des Grasrauchens besang, waren Lennon und Harrison längst woanders. In „I'm Only Sleeping" schilderte Lennon sein Leben als Tagträumer, in „Doctor Robert“ stellte er einen freigiebigen Pillendoktor vor und im bereits erwähnten „She Said She Said“ verarbeitete er eine Nahtoderfahrung. Harrison, der sich parallel ebenfalls mit LSD, Yoga und Meditation beschäftigte, steuerte das indisch angehauchte „Love You To“ und das ans Batman-Theme angelehnte „Taxman“ bei. Angekurbelt wurde der Schallplattenverkauf durch die Supersingle „Paperback Writer/Rain“, die klanglich an die Byrds erinnerte.

Die Beatles lieferten noch zweieinhalb psychedelische Alben ab, die vor allem auf Ideen von McCartney aufbauten. Bei „Sgt. Pepper's Lonely Hearts Club Band“ (1967) lautete die Grundidee, die Beatles durch eine zirkusartige Alter-Ego-Band zu ersetzen, mit der man ein durchgehendes Konzeptalbum aufnehmen wollte. Bei der „Magical Mystery Tour“ (1967) tourten die Beatles wie einst die Merry Pranksters als ausgeflippter Wanderzirkus im Bus durch die Lande. Parallel zum Album entstand daraus ein Film und eine Fernsehshow. Zu guter Letzt folgte der surreale Trickfilm „Yellow Submarine“ (1969), zu dem die Band sechs Songs für den Soundtrack ablieferte.

Sgt. Pepper setzte nicht nur musikalisch Maßstäbe. Mit seiner knallbunten Plattenhülle, kleinen Beigaben und dem aufwendigen Gruppenfoto wurde das Medium Popplatte aufgewertet. Das Titelcover kam einem visualisierten kollektiven Gedächtnis gleich und listete in seinem unterschiedslosen Nebeneinander Persönlichkeiten wie Bob Dylan, Edgar Allan Poe, Marlene Dietrich, Karl Marx und Muhammad Ali. Damit signalisierte man, wie es musikalisch zugehen würde: vielfältig. Die Pilzköpfe hatten

Ende 1966 mit dem Touren aufgehört und waren eine experimentelle Studioband geworden. Stattdessen ging man mittels LSD innerlich auf Reisen und setzte die dabei gewonnenen Eindrücke in aufwendige Produktionen um. Es schien keinerlei Grenzen mehr zwischen den Musikrichtungen zu geben. Die klangliche Spanne der 13 Titel reichte von Rock über Pop, Psychedelika, indischem Raga, Hühnergegacker, Hundegebell, Kammermusik, einer Minisuite mit kakophonischem Schlussakkord bis hin zur Endlosschleife in der Auslaufrille, übrigens der erste Hiddentrack der Musikgeschichte.

Selbstverständlich ist „Lucy in the Sky with Diamonds" eine Anspielung auf LSD, auch wenn Lennon eine Kinderzeichnung seines Sohnes vorschützte. Was sollte er auch anderes sagen? Die BBC weigerte sich bereits „A Day in the Life" im Radio zu spielen, da die Zeile „I'd love to turn you on" in den Ohren der Radiosenioren nach einer Aufforderung zum Drogenkonsum klang.

Lennons Kollege und Zeitgenosse Eric Burdon traf es in einem TV-Interview ganz gut: „Sie möchten einen Beweis dafür, dass LSD die Dinge radikal verändert hat? Nun, Mitte der 60er Jahre waren die Beatles vier Jungs auf der Bühne in Anzügen, mit dieser Pilzhaarfrisur und ihren Stiefeln, die sangen 'She loves you - yeah, yeah, yeah'. Dann gehen sie ins Aufnahmestudio in der Abbey Road und Brian Epstein bringt eine kleine Ampulle LSD mit, gewissermaßen direkt von Albert, und sie kommen heraus mit 'Newspaper taxis appear on the shore waiting to take you away'. Über Nacht die totale Veränderung. Das schlug ein wie eine Atombombe."

Allerdings stellte Lennon immer klar: Es war nicht die Droge, die die Lieder schrieb. „Ich schreibe die Musik in den Lebensumständen, in denen ich mich befinde. Manchmal steckte es im Acid und manchmal steckte es im Trinkwasser."

1965 Robert Crumb: Keep On Truckin'!

Robert Crumb ist der wichtigste Vertreter des amerikanischen Undergroundcomics. Der allzeit zeichnende Nerd ersinnt und textet seine Cartoons und Comicstrips selbst. Seine schrägen Charaktere bevölkern nicht allein nur Comichefte, sondern auch Zeichentrickfilme, Plakate, Buttons, Tassen, Aufkleber, Handzettel, Aufnäher, T-Shirts, Plattencover und Blotteracid.
Noch Anfang 1965 war Robert Crumb ein einfacher Angestellter der American Greetings Corporation in Cleveland. Brav entwarf der 22-jährige fröhliche Motive für das Glückwunschkartensortiment. Im Sommer 1965 machte er dann die Bekanntschaft mit LSD. Die Wirkung war überwältigend und wurde von Crumb des öfteren in seinen Comics aufgegriffen und überzeichnet nacherzählt. In seinem Onepager *My First LSD Trip (A True Story)* von 1973 heißt es (in der Übersetzung von Harry Rowohlt): „Wer kann schon seinen ersten großen Acid-Trip vergessen!? Ich habe meinen ersten großen Kopfkrempler im Juni 1965 eingeschmissen, zusammen mit meiner Frau."
Stattliche 600 Mikrogramm soll die gemeinsame Dosis für Robert und seine damalige Ehefrau Dana betragen haben. Damit war das Acid mehr als großzügig dosiert. Wie sollten die beiden Ahnungslosen eine angemessene Portionierung auch abschätzen können („Was wussten wir denn über LSD!?! Nichts!"). Im Comicstrip endet

das Erlebnis mit einer Art Wiedergeburtserfahrung: man kotzt sich die Seele aus dem Leib. In einem anderen Cartoon lässt Robert Crumb sein Alter Ego zwei Sätze sagen, die sowohl eine persönliche als auch eine kollektive Zeitenwende markierten: „Ich war ein Bewohner der 'realen' Welt, bis ich an einem Tag des Jahres 1965 LSD nahm. Da erst begannen die 'Sixties' für Mr. Bob Crumb."

Mit weiteren LSD-Experimenten gab er dem Affen Zucker, wobei nicht alle Trips Wohlgefühle auslösten. Schon im November 1965 erwischte er „some bad acid". Das Ergebnis war fatal: ein halbes Jahr lang stand Crumb neben sich. Er litt an mangelndem Selbstbewusstsein und unter höchst bizarren Visionen, die er mit dem Skizzenbuch einfing. Crumb durchlebte eine drogeninduzierte Psychose, die durchaus Gefahrenpotential barg, denn Bob stammte aus einer dysfunktionalen Familie. Der autoritäre Vater neigte zu Gewaltausbrüchen, die Mutter wiederum war amphetaminabhängig, der ältere Bruder Charles schwer depressiv, und auch der jüngere Bruder Max war psychisch labil. Die Welt der Comics erschien den drei Brüdern in ihrer Kinderzeit als eine willkommene Fluchthilfe, als Parallelwelt, in der einfach alles möglich schien, weil man es selbst möglich machen konnte, indem man es zeichnete.

Crumb zeichnete nach dem Horrortrip keine kindlichen Geschichten mit niedlichen Figuren mehr. Stattdessen brachte er ununterbrochen albtraumartige Charaktere und Szenerien zu Papier, die ihm wie Dämonen durch den Kopf geisterten. Passanten mit irrwitzig großen Schuhen und aberwitzig kleinen Köpfen; dicht wuchernde Häuseransammlungen; detaillierte Gewaltfantasien;

notgeile Strichmännchen und entblätterte Frauen; Menschen, die sich in ihrem Rausch auflösen; seltsame Mischwesen; Gott, der Teufel und das Nichts schauten auch vorbei. Die Seiten seiner Notizbücher füllten sich stetig mit Sodom und Gomorrha, Crumb wurde der Marquie de Sade des Comics. Es war, als hätte Crumb nicht nur die Kellertür zu seinem eigenen Unterbewusstsein aufgestoßen, sondern zur kollektiven Psyche Amerikas mit seinen Ängsten, Perversionen, Vorlieben, Trieben, Wünschen und Rassismen. Er selbst sagt: „Ich bekam keine Kontrolle darüber, die ganze Zeit war ich völlig von der Rolle. Die Abtrennung zwischen Bewusstsein und Unterbewusstsein war irgendwie durchbrochen."[41]

Trotz der schöpferischen Eruptionen war Crumb erleichtert, als der entrückte Zustand nach sechs produktiven Monaten endlich abflaute. Noch heute ist er überzeugt, dass LSD die Pforte aufgestoßen und den kreativen Bewusstseinsstrom verursacht hatte: „Psychedelische Drogen lösten mich aus meiner gesellschaftlichen Programmierung. Das war gut für mich, wenn auch etwas traumatisch, denn ich hätte vielleicht auch bleibenden Schaden nehmen können, da bin ich mir nicht so sicher. In meinem Fall sehe ich LSD als positive und wichtige Lebenserfahrung, die ich aber keinem andern empfehlen möchte."[42]

LSD veränderte Crumbs Denken, und in der Folge änderte Crumb sein Leben. Er ließ den Glückwunschkartenjob in Cleveland sausen und zog 1967 mit Gleichgesinnten nach San Francisco, rechtzeitig zum *Summer of Love*. Im Epizentrum der Gegenkultur kamen seine Zeichnungen sehr gut an, zumal sein Zeichentalent mehr beherrschte als nur Comics. Für Janis Joplin entwarf er ein Plattencover; die Rolling Stones lehnte der kauzige Zeichner hingegen ab, da ihm die Musik nicht zusagte. Crumb kritzelte freakige Geschichten für psychedelische Hippie-Magazine, die gerade wie die Pilze aus dem Boden schossen. Das Personal seiner Headcomix rekrutierte Crumb aus dem acidgetränkten Skizzenbuch: Mr. Natural, Snoid, Fritz the Cat. Das Ergebnis war eine Freakshow, die von den Hippies begeistert aufgenommen wurde. All jenen, die ihm hingegen Chauvinismus, Pornographie und Rassismus in seinen schrägen Comics vorhielten, entgegnete er: „All dieser Quatsch ist doch tief in unserer Kultur und unserem Kollektivgedächtnis verwurzelt, und nun muss man damit umgehen."[43]

1968 schlug ihm ein Verleger vor, probeweise ein psychedelisches Comicheft mit ausschließlich eigenen Zeichnungen herauszubringen. Crumb gründete daraufhin *ZAP-Comix*, sein Zentralorgan bis 2004. Da es ihm an Vertriebsstrukturen mangelte, ging der Mann mit dem Überbiss, der Aschenbecherbrille und dem altmodischen Kleidungsstil zum Hotspot der Hippiebewegung, zur Ecke Haight/Ashbury Street („Hashbury"), und verkaufte aus einem Kinderwagen heraus die erste Auflage. Das Heft wurde ein Erfolg und bald beteiligten sich an dem Projekt auch andere Künstler, wie Gilbert Shelton und Rick Griffin. Crumb hatte seine Berufung gefunden. Er würde mit Comics sein Geld verdienen, die Inspiration hierzu würden LSD-Trips liefern.

Dem Spiegel verriet Crumb 2013: „Mein Bewusstsein erschien mir damals auf schier unbegreifliche Weise erweitert. Es war eine fieberhafte Episode meines Lebens, die ungefähr fünf Jahre dauerte."[44] In den Siebzigern war dann Schluss mit der Lysergsäure. Einerseits fand die Hippie-Ära ihr Ende, andererseits funktionierte der Rausch nicht mehr als Inspirationsquelle. Nach einer Phase der Orientierungslosigkeit suchte sich Crumb neue Themen. Der Untergrundzeichner illustrierte einige Bücher des Untergrundschriftstellers Charles Bukowski, zeichnete eine Kafka-Biografie, bebilderte die Genesis des alten Testaments und machte ansonsten, was ihm gerade zusagte. Bei ihm gilt die absolute Freiheit der Kunst, oder wie er es in einem Comicstrip herausbrüllte: „Ich werde zeichnen, was ich verdammt noch mal zeichnen möchte, und wenn euch das nicht gefällt, dann fickt euch!"[45]

1965 Grateful Dead: Can't Come Down

Die Grateful Dead sind ein zutiefst amerikanisches Phänomen, so gut wie jeder (weiße) US-Amerikaner kennt sie. Die Band existierte exakt dreißig Jahre, von 1965 bis 1995, und tourte währenddessen ausgiebig durch die Vereinigten Staaten. Wohl nicht zuletzt durch die vielen kostenlosen Livegigs erspielten sich die Dead eine sehr treue und stetig wachsende Fangemeinde. Für viele wurde der Besuch der Konzerte zum Lebensinhalt, für manche gar Familien- oder Religionsersatz. Ganze Heerscharen bedingungslosen Anhänger – die sogenannten Deadheads – folgen der Band auf ihrer endlosen Tournee, zumeist in kindlich-bunt bemalten VW-Bussen. Den Lebensunterhalt verdiente man sich durch den Verkauf von selbstgemachtem Schmuck und Batikhemden. Als der Kopf, Leadgitarrist und Sänger der Band, Jerry Garcia, im August 1995 an einem Herzinfarkt starb, reagierte der VW-Konzern in den USA mit einer personalisierten Todes-Anzeige, die in verschiedenen Magazinen geschaltet wurde. Abgebildet war die Skizze eines VW-Busses in Frontalansicht, mit einer Träne im rechten Scheinwerfer und der Textzeile „Jerry Garcia 1942–1995“. Der konservativen Newsweek war die Todesnachricht sogar eine Titelseite wert: „Strange Trip – Why Jerry Garcia Turned On Fans From the ’60s to the ’90s“. Bereits 1987 hatte der Speiseeishersteller Ben & Jerry’s zu Ehren der Grateful Dead eine Eissorte auf den spaßigen Namen „Cherry Garcia“ getauft. Was hat es mit dieser Band auf sich, dass sowohl Hippies als auch Konservative regen Anteil an ihrem Dasein nehmen?

In Deutschland oder Europa hat die Band nie so richtig eingeschlagen und blieb den meisten fremd. Die Melange aus Country, Psychedelic Rock, Jazzelementen und dünnem Gesang war nicht nach dem Geschmack des europäischen Publikums. Dass die Grateful Dead auf dem Monterey Pop Festival direkt nach The Who und unmittelbar vor der Jimi Hendrix Experience auftraten, hat die Musikkenner hierzulande ebenfalls kalt gelassen. Selbst im Herkunftsland dauerte es bis ins Jahr 1987, dass die Dead ihre erste Top-Ten-Single in den Charts platzieren konnten: „Touch of Grey“. Um es in die Heavy Rotation auf MTV zu schaffen, produzierte die Band ihr allererstes Musikvideo, in welchem die Grateful Dead als musizierende Skeletts auftraten. Skelette waren eines ihrer Markenzeichen.

Die Gründung der Grateful Dead hat zeitnah Eingang in die Literatur gefunden, denn die Band entstand im Umfeld von Ken Keseys berühmt-berüchtigten Acidpartys in der Perry Lane in Stanford. Der Erstkontakt verlief allerdings weniger herzlich. Tom Wolfe berichtete darüber in seinem Doku-Roman Der „Electric Kool-Aid Acid Test". Der 22jährige Jerry García wird darin als „verwahrlostes Slumkid" bezeichnet, das von Kesey und den übrigen akademischen „Mittelschichtbohemians" mit Fußtritten aus dem Haus in der Perry Lane befördert wird. Damals bewegte sich García als abgerissener Folkmusiker durch Palo Alto und wohnte zeitweise in einem mit dem Euphemismus „Chateau" bezeichneten viktorianischen Wohnhaus, einer Art früher Hippiekommune. Aus diesem Umfeld rekrutierte er Mitstreiter, die sich sowohl von der Musik der Beatles als auch von Bluegrass und Country faszinieren ließen. Bereits zwei Jahre später waren García und Mannen die Hausband von Ken Keseys Partyexperimenten. Anfangs nannte man sich The Warlocks, „die Hexenmeister", ein erster Hinweis auf das Interesse an alchemistischen Zauberkünsten. Auf YouTube gibt es einen Titel aus dieser Phase, „Can't Come Down", der noch nach zeitgemäßer Beatmusik klingt. Im Dezember 1965, zum ersten öffentlichen Acidtest, wählte die Band ihren endgültigen Namen, Grateful Dead („Dankbare Tote"). Laut García war die Auswahl des Bandnamens dem Zufall geschuldet; angeblich schlug er ein Wörterbuch auf und tippte auf zwei gegenüberliegende Begriffe wie einst Hugo Ball auf das Wörtchen „dada". Auch eine andere Lesart ist möglich. García hatte zuvor einen Autounfall überlebt, bei dem ein Freund, der Künstler Paul Speegle, ums Leben gekommen war.

Mit Keseys öffentlichen Acidtests bekamen die Grateful Dead schnell viel Aufmerksamkeit und neue Anhänger.

Diese Auftritte unterschieden sich völlig von dem, was die Zuhörer von Auftritten gewohnt waren, zumal es eine Zuhörerschaft im herkömmlichen Maße nicht gab. Sowohl Teile des Publikums als auch Teile der Band oder des Veranstalters standen unter LSD. Die Pupillen und das Bewusstsein waren erweitert, man staunte und experimentierte wie in Kindertagen, kletterte auf die Bühne, turnte herum und machte Seifenblasen. Die Grenze zwischen Bühne und Saal war durchlässig. Auch der Ablauf war, dem Rausch geschuldet, anders als gewohnt, ungeordneter. Die Dead spielten nicht in Sets, wie beispielsweise die Beatles, also acht kurze Popsongs, eine Pause, dann nochmal ein Set, dann die Zugabe und dann Schluss, nein, man jammte zusammen wie im Jazz. Die Musiker vertieften sich in ihre Melodien, ritten ewig und drei Tage auf einem Gitarrenriff herum, verloren sich in Halleffekten, weil die gerade so gut rüberkamen, und wechselten ohne Unterbrechung zu einem neuen Titel.
„Die Dead spielten die eine Nummer fünf Minuten und die nächste 25. Wer schaute schon auf die Uhr? Wer konnte schon auf die Uhr schauen, wenn die Weltgeschichte in Scheiben geschnitten vor einem liegt.“[46]
Bei ihrem zweiten Acidtest machten die Grateful Dead die Bekanntschaft mit einem Tausendsassa, ihrem zukünftigen Förderer, Manager und Tontechniker. Augustus Owsley Stanley III., Enkel eines vormaligen Gouverneurs gleichen Namens. Owsley Stanley hatte als Student der Berkeley-Universität LSD kennen- und synthetisieren gelernt und da es legal war, produzierte er als Privatperson im großen Stil selbst welches. Zwischen 1965 und 1967 soll er 1,25 Millionen Dosen hergestellt haben und befeuerte damit die aufkeimende Hippiebe-

wegung. Die Grateful Dead wurden sein neues Hobby. Er finanzierte es mit den Einnahmen aus dem LSD-Geschäft und bekam im Gegenzug von ihnen den Spitznamen „Alice D. Millionare“. Die Grateful Dead siedelten nach San Francisco über, bezogen dort ein Haus im Stadtviertel Haight-Ashbury und richteten eine wirkungsmächtige Kommune ein, die zum Anziehungspunkt für viele Hippies wurde. Owsley kaufte den Dead neue Verstärker, Mikrophone, Effekt- und Aufnahmegeräte, Instrumente und vor allem Lautsprecher. Sein Konzept kulminierte 1974 in der 600 Lautsprecher umfassenden „Wall of Sound“. Plötzlich besaß die junge Experimentalband das modernste Equipment der Welt, und die Grateful Dead wurden zur Speerspitze einer neuen Musikrichtung, dem Acidrock, der sich vor allem durch laute, elektrische verstärkte Gitarren auszeichnete. Ergänzt wurden die klanglichen Ausflüge durch allerlei optische Spielereien, die von den Merry Pranksters installiert und betätigt wurden. Zur Multi-Media-Show gehörten flackerndes Stroboskoplicht, farbige Spotlights, Mirrorball (die später so beliebte Discokugel) und das Übereinander-Projizieren mehrerer Filme, aus denen im Rausch ein neuer wurde.

Eine Besonderheit der Grateful Dead war, dass Owsley bereits sehr früh deren Konzerte mitschnitt und sukzessive veröffentlichte. Auch Fans durften die Konzerte mit eigenem Equipment aufnehmen und die Livemitschnitte vertreiben – so lange damit keine Gewinne erzielt wurden. Das erhöhte die Popularität der Band über die Bay Area hinaus.

Für die Musikszene von San Francisco entwickelte sich Jerry Garcia zu einem wichtigen Ansprechpartner. Die

Musiker der befreundeten Band Jefferson Airplane führten ihn als *„Musical and spiritual adviser"* auf ihrem Erfolgsalbum „Surrealistic Pillow" und für Crosby, Stills, Nash & Youngs Hitsingle „Teach Your Children" übernahm Garcia die charakteristische Pedal-Steel-Gitarre, ein Instrument, dass er sich erst zwei Wochen zuvor selbst beigebracht hatte.
Die Aura des Psychedelischer begleitete die Grateful Dead bis zuletzt. Wenn Deadheads vor ausverkauften Konzerten von Tickets sprachen, konnte man nie sicher sein, ob Konzertkarten oder LSD-Trips gemeint waren. Allerdings gab es auch Deads, die den LSD-Konsum verweigerten. Der Organist Ronald „Pigpen" McKernan lehnte LSD strikt ab und berauschte sich stattdessen mit Althergebrachtem. Pigpen wurde Alkoholiker und starb im Alter von nur 27 Jahren an einer Magenblutung. Auch andere harte Drogen, vor denen die Hippies stets gewarnt hatten, hielten Einzug ins Umfeld der Dead und machten vor allem Frontmann Jerry Garcia zum Polytoxikomanen. Der langjährige Missbrauch von Heroin und Kokain führte schließlich zu seinem verfrühten Ende.

1965 Pink Floyd: A Saucerful of Secrets

„You reached for the secret too soon"
– Pink Floyd: Shine On You Crazy Diamond

In einem Buch über die Kulturgeschichte des LSD darf eine britische Band nicht fehlen. Bis in die Gegenwart hinein machten es sich Menschen mit Pink Floyds Klangteppichen und Soundtapeten gemütlich. Rund eine Milliarde Tonträger konnten die Engländer in ihrer

Bandgeschichte absetzen. Ihr Konzeptalbum „The Dark Side Of The Moon“ von 1973 stellte sogar einen einsamen Rekord auf, weil sie sich über 15 Jahre in den US-Top-100 halten konnte. Der Musikjournalist Josef Winkler behauptet, wenn man TDSOTM auflege, dann sei man sogleich mit einem Teil der Menschheit verbunden, da diese Platte zeitgleich auf zirka 70000 weiteren Plattenspielern laufe.

Die Keimzelle der Band waren zwei Schulfreunde, der ernste Roger Waters und der schräge Roger Barrett, genannt Syd. Außer dem Vornamen besaßen sie noch weitere Gemeinsamkeiten. Beide waren auf derselben Schule in Cambridge gewesen, beide hatten früh ihren Vater verloren und beide interessierten sich für Blues und Beatnik-Poesie. Roger Waters wechselte 1962 zum Studieren nach London, schrieb sich für Architektur ein und zog in eine Kommune in der 101 Crumble Street. Das WG-Leben war zeitgemäß wild. Der Konsum von Marihuana sowie LSD, damals noch legal, gehörten dazu. Als Waters die Architekturstudenten Rick Wright und Nick Mason kennenlernte, gründete man eine gemeinsame Band und coverten Blues- und Beatsongs. 1964 kam auch Syd Barrett nach London. Er stieß als Sänger und Gitarrist zur Band, Roger Waters wechselte dafür zum Bass. Auf Syds Vorschlag hin wurde die Band nach den beiden obskuren Blues-Musikern Pink Anderson und Floyd Council benannt. Allerdings hatte die Bluesmode ihren Höhepunkt bereits überschritten und Pink Floyd waren wenig erfolgreich.

Roger Waters hatte seine erste LSD-Erfahrung da bereits hinter sich. Mit seinen Mitbewohnern war er nach Griechenland gereist, um auf der Insel Patmos den Offenbarungen des Johannes nachzuspüren. Die fünf Ausflügler richteten sich in einem leerstehenden Haus ein und nahmen das LSD. Durch das Reiseziel geprimet, hatte Roger Waters ebenfalls eine Offenbarung, er meinte, ein strahlendes Licht sei ihm aus dem Kopf getreten. Jahre später unternahm er einen zweiten Trip in New York, doch der verlief weniger erleuchtend und Waters beendete seine Lyserg-Experimente. Syd Barrett hingegen schluckte 1965 sein erstes Acid, und es wurde seine bevorzugte Droge.

Die Bewusstseinsveränderungen sollte sich fortan in der Musik niederschlagen. Die traditionellen Bluesnummern mit ihrem festen Schema und einer Länge von durchschnittlich drei Minuten schienen dafür wenig Raum zu lassen. Stattdessen wechselte das Quartett zu ausgedehnten Improvisationen und ritt minutenlang auf den immer gleichen Tönen herum, bis sich sowohl bei den Musikern als auch beim Publikum ein meditativer Zustand einstellte. Die Konzerte glichen endlosen Jamsessions. Pink Floyd wollten ihr Publikum mit auf die Reise nehmen. Viele der Zuhörer waren allerdings Zusteigende und bereits gut unterwegs.

Der Produzent Joe Boyd wurde schließlich auf die vier Kunststudenten aufmerksam und heuerte Pink Floyd als Band für seinen brandneuen Nachtklub an. Am 23. Dezember 1966 eröffneten Pink Floyd das UFO („Underground Freak Out“) mit einer berauschenden Darbietung. Die frei dahinfliegenden Klangteppiche wurden mit einer wabernden Lichtshow zu einem psychedelischen Gesamtkunstwerk verwoben, bis das auf dem Fußboden kauernde Publikum meinte, die Geburt einer neuen Milchstraße zu erleben. Der UFO-Club entwickelte sich zu einem Rauschschiff der Außenseiter, die sich schnell als Gemeinschaft begriffen. Und Pink Floyd wurde als Hausorchester ein fester Teil der Besatzung. Im Januar '67 produzierte Joe Boyd ihre erste Pop-Single, „Arnold Layne", und die Musikwelt horchte auf. Es folgte ein Angebot der EMI, was sie zu Label-Kollegen der Beatles machte. In den Abbey-Road-Studios konnten Pink Floyd im Frühjahr 1967 ihre erste Langspielplatte aufnehmen, während nebenan die Beatles an *Sgt. Pepper* werkelten.

Die Platte *The Piper At The Gates Of Dawn* wurde unter maßgeblicher Federführung von Syd Barrett eingespielt, fast alle Songs stammten von ihm. Die Musik illuminierte eine magische Reise durch eine intergalaktische Märchenwelt. Der Plattenname wurde einem englischen Kinderbuchklassiker entnommen, den Syd sehr mochte. Für die Songs hatte sich die Band von der Kunstausstellung eines befreundeten Architekten inspirieren lassen, was sich auch in der Titelwahl widerspiegelte – Mussorgskis Bilder einer Ausstellung auf LSD: „Interstellar Overdrive", „The Gnome" und „Scarecrow". Viele deutsche Fernsehzuschauer kennen die ersten Klänge des Titels Astronomy Domine" als Erkennungsmelodie der Sendung ARD-Brennpunkt. Mit der zweiten Psychedelic-Pop-Single, „See Emily Play", wurden Pink Floyd endgültig zu den Lieblingen des Underground.

So gut es auch ging, es lief schlecht. Syd Barrett schien für das Musikbusiness nicht geschaffen, er verhielt sich ständig anti. Auch glänzte er durch bizarres Verhalten, das sich durch seinen „selbstmörderischen LSD-Konsum" von Mal zu Mal verschlimmerte. Der Kunststudent wurde immer unzuverlässiger und unberechenbarer.[47] Vor Fernsehauftritten verschwand er plötzlich spurlos, bei Playback-Nummern bewegte er die Lippen nicht, auf der Bühne setzte er mit dem Gitarrenspiel aus. Auf der Promotiontour Anfang 1968 in den USA passierte es dann: Der Gitarrist verstimmte mitten im Song seine Gitarre und fuhr auf der Bühne seinen eigenen Film. Bald war er völlig weggetreten. Alice Cooper, bei dem die Band in Los Angeles unterkam, beschrieb ihn so: „Syd hatte diesen mysteriösen Appeal: der Junge, an den niemand rankommt."

Als musikalische Aushilfe wurde ein Schulfreund von Roger & Roger hinzugezogen, und Pink Floyd waren kurze Zeit zu fünft. Dieser Begleitmusiker hieß David Gilmour. Er hatte Syd in Cambridge das Gitarrenspiel beigebracht und ist heute der Chef der Band. Das letzte Konzert als Quintett fand am 20. Januar 1968 im britischen Sussex statt. Danach übernahm Gilmour komplett den Gitarrenpart von Syd. Offiziell wurde die Trennung am 6. April 1968. Nach dem Ausstieg versuchte Syd, sich eine Solo-Karriere aufzubauen, wobei er von seinen alten Bandkollegen tatkräftig unterstützt wurde. Den Platten war jedoch kein kommerzieller Erfolg beschieden. Mitte der Siebziger zog er sich völlig aus dem Musikbusiness zurück und lebte wieder in seiner Heimatstadt Cambridge bei Muttern.

Irgendwie blieb Syd Barrett trotzdem weiterhin Mitglied von Pink Floyd, als Leerstelle. Den Schulfreunden Waters und Gilmour ging das Schicksal des Bandgründers nicht mehr aus dem Kopf, sicherlich fühlte man sich mitschuldig. Vielleicht hätte man sich mehr um Syd kümmern können, als es darauf ankam? Die Konzeptalben „The Dark Side Of The Moon" (1973), „Wish You Were Here" (1975) und „The Wall" (1979) sind mehr oder weniger direkt auf Barrett gemünzt. In dem Song

„Brain Damage" heißt es beispielweise: „And if your head explodes with dark forebodings too / I'll see you on the dark side of the moon." Während der Aufnahme von „Shine On You Crazy Diamond", das als Hommage an Syd gedacht war, stand plötzlich ein untersetzter Mann mit Glatze, Bauchansatz und abrasierten Augenbrauen im Studio. Erst nach vielen Minuten begriff die Band, um wen es sich dabei handelte, so sehr hatte der sich verändert. Auf dem Album „The Wall" wird von Roger Waters eine Geschichte erzählt, die teilweise an seine eigene, aber auch an die Lebensgeschichte von Syd Barrett angelehnt ist. Der sensible Musiker Pink ist vom Leben so enttäuscht, dass er sich hinter eine imaginäre Mauer flüchtet, die alle Gefühle abblockt. Hinter dieser Mauer wird Pink zum Sesselfurzer, der apathisch vor dem Fernseher sitzt und sich immer mehr vor der Welt verschließt. Exzessiver Drogenmissbrauch macht ihn schließlich paranoid und größenwahnsinnig.

Syd Barrett wird gern als Präzedenzfall herbeizitiert, um vor den Gefahren mehr oder weniger exzessiven LSD-Konsums zu warnen. Als der Musikjournalist David Fricke den aktuellen Chef von Pink Floyd, Dave Gilmour, 1982 im Interview hatte, erkundigte er sich auch nach dessen Vorgänger: „Glauben Sie, dass Syds Umnachtung direkt auf die psychedelischen Drogen zurückzuführen war?" Der Freund aus Jugendtagen antwortete so: „Ich glaube, dass es ohnehin passiert wäre. Die psychedelischen Erfahrungen mögen ein Katalysator gewesen sein, aber letztlich konnte er nicht mit dem Erfolg umgehen und mit all den Dingen, die damit verbunden waren. Und es gab auch noch andere Probleme, mit denen er sich herumschlug."[48]

Syd Barrett verstarb als „pensionierter Musiker“ im Juli 2006 in seinem Geburtsort Cambridge. Er wurde 60 Jahre alt.

1965 Peter Fonda: A Lovely Sort of Death

Mit dem Aufbruch einer neuen Generation ging auch der Wunsch nach neuen Erzählformen im Kino einher. Die alten Narrationen á la Mann-trifft-Frau-und-Hochzeit oder ähnliche Happy-End-Standards zogen eine Jugend, die von Revolution, freier Liebe und radikaler Veränderung träumte, nicht mehr in die Lichtspielhäuser.
Peter Fonda stammt aus einer Schauspielerfamilie. Vater Henry Fonda war seit den dreißiger Jahren im Filmgeschäft erfolgreich und stand exemplarisch für das alte Hollywood. Peter und seine Schwester Jane Fonda („Babarella“) hingegen waren Angehörige einer jungen Generation und symbolisierten eine andere Art Kino: *New Hollywood.* Besonders Peter, der mit vollem Namen Peter Henry Fonda heißt, musste aus dem übergroßen Schatten seines Vaters heraustreten und sich freispielen. Der Titel seiner Biographie heißt nicht umsonst „Don't Tell Dad“. An den Fondas wird der Generationswechsel recht anschaulich.
Am 24. August 1965 begleitete Peter Fonda die Beatles bei ihrem zweiten LSD-Trip, den sie zusammen mit Roger McGuinn und David Crosby von den Byrds durchlebten. George Harrison kam „schlecht drauf“ und Crosby fragte den im Haus anwesenden Fonda, ob er nicht als Tripsiter aushelfen könne. Peter Fonda kümmerte sich um George Harrison und schöpfte aus seinem Erfahrungsschatz. Er erklärte, dass George keine

Angst haben müsse. LSD sei eine Droge, die einem manchmal vormache, zu sterben. Der Kopf wehrt sich jedoch angstvoll dagegen. So komme es zum Konflikt zwischen Ego und Rausch. Darum sei es das Beste, sich einfach vom Rausch forttragen zu lassen und zu „sterben“. Um seine Todeskompetenzen hervorzustreichen erzählte Fonda ein Kindheitserlebnis. Kurz vor seinem 11. Geburtstag habe er sich durch einen Unfall selbst in den Bauch geschossen. Auf dem Operationstisch sei er dreimal gestorben, weil sein Herz mehrmals aussetzte. Nach dieser Nahtoderfahrung wisse er nun, wie es ist, tot zu sein. Der ebenfalls unter LSD stehende John Lennon störte sich an dem wiederholt geäußerten Satz und kam ebenfalls schlecht drauf. Den nachmittäglichen Horrortrip verarbeiteten die Beatles in dem Titel „She Said She Said“ („I know what it's like to be dead“).

Wie der Vater, so der Sohn, könnte man sagen, denn Peter Fonda zog es ebenfalls ins Filmgeschäft. Seine ersten Lorbeeren verdiente er sich bei dem unabhängigen Filmemacher Roger Corman, der bereits eine Unmenge B-Movies mit Titeln wie „The Beast with a Million Eyes“, „War of the Satellites“ und „The Last Woman On Earth“ produziert hatte. Bei ihm galt das Prinzip Masse statt Klasse. Corman hatte ein großes Herz für talentierten Nachwuchs – solange er zu seinen niedrigen Preisvorstellungen tätig wurde. Spätere Hollywoodgrößen wie der Regisseur Peter Bogdanovich („Is' was, Doc?“; 1972), der Drehbuchschreiber Jack Nicholson oder eben Schauspieler wie Peter Fonda und Dennis Hopper sammelten wichtige Erfahrungen an Cormans Set. Diese Erfahrungen sollten schließlich in dem epochemachenden und stilbildenden Roadmovie „Easy Rider“ gipfeln, an dem Hopper, Fonda und Nicholson als Regisseur, Drehbuchautoren und Schauspieler beteiligt waren. Auf dem Weg zum Kultfilm gab es allerdings einige Stationen, die Teile von „Easy Rider“ bereits andeuteten, vorwegnahmen oder eben als Vorübung dienten. Das waren die Filme: *„The Wild Angels“* (1966) → *„The Trip“* (1967) → *„Psych-Out“* (1968) → *„Head“* (1968) → *„Easy Rider“* (1969).

The Wild Angels – Die wilden Engel
(mit Peter Fonda, Nancy Sinatra und Bruce Dern)

Das B-Movie „Die wilden Engel“ von 1966 ist insofern bedeutend, als dass wir hier erstmals Peter Fonda in der Rolle eines Rebellen auf einem Motorrad sitzen sehen. Fonda spielt Heavenly Blues, den Anführer der Hell's Angels von San Diego, einer Bande gesetzloser Motorrad-Rocker, die stehlen, prügeln, herumhuren und vergewaltigen. Das Interesse Cormans, der als Regisseur und Produzent in Erscheinung tritt, an den Hell's Angels dürfte vorrangig finanzieller Art gewesen sein. Die Outlaws mit den Eisenpferden waren seit Marlon Brandos legendären Auftritt in dem Klassiker „The Wild One“ ein Symbol für jugendliche Rebellion und kamen als solche gerade wieder in Mode, weil Ken Kesey die Hell's Angels mit LSD bekannt und dadurch Schlagzeilen machte. Der Gonzo-Journalist Hunter S. Thompson hatte zeitgleich und als Vorbereitung auf sein kommendes Buch „Hell's Angels“ in einem landesweiten Magazin den vielbeachteten Artikel „The Motorcycle Gangs: Losers and Outsiders“ veröffentlicht.

Dass das Drehbuch vor Drehbeginn von Peter Bogdanovich überarbeitet wurde, hat dem Film nicht viel geholfen. Alle Beteiligten wirken flach, die Dialoge sind einsilbig und die Handlung ist ohne Spannungsbogen. Was den Film dennoch zu einem Klassiker gemacht hat, ist die Tatsache, dass er der erste seiner Art war und weitere Bikerexploitationfilme nach sich zog, beispielsweise „The Glory Stompers" (1967) mit Dennis Hopper.

In einer der letzten Filmsequenzen kommt es zu einer Schlüsselszene, die über die Filmhandlung hinausweist. Ein friedlicher Pfarrer, der als Repräsentant einer überkommenen und veralteten bürgerlichen Gesellschaft herhalten muss, fragt den Anführer der Hell's Angels nach ihren Beweggründen. Peter Fonda aka Blues antwortet stellvertretend für eine ganze Generation: *„We wanna be free to do, what we wanna do. And we wanna get loaded. And we wanna have a good time. That's what we're gonna do: We're gonna have a good time. We're gonna have a party!"* Das Zitat wurde mit den Jahrzehnten so beliebt, dass es sowohl die Seattle-Rocker Mudhoney („In 'n' Out of Grace"; 1989) als auch die britische Raveband Primal Scream („Loaded"; 1990) ein Sample davon verwendeten und an den Anfang eines ihrer Songs packten. Somit wurde das Meme an die nächste Generation Jugendlicher überliefert.

The Trip
(mit Peter Fonda, Dennis Hopper und Bruce Dern; Drehbuch: Jack Nicholson)

Mit diesem Film widmete sich Roger Corman erneut einem aktuellen Jugendthema. Der vollständige Titel enthält ein verstecktes Akronym für LSD: „The Trip – A Lovely Sort of Death". Der schnell geschnittene Kinotrailer verkündet dessen Anliegen aus berufenem Munde: „Ich bin Peter Fonda. Wir haben soeben einen Film fertiggestellt, der sich mit dem heißesten Thema unserer Zeit beschäftigt: LSD. Ich glaube fest daran, dass dies der angesagteste Film unserer Zeit werden wird." Der Trailer endet mit dem reißerischen Satz: „It will blow your mind!"

Das Drehbuch stammte diesmal von Jack Nicholson, der dabei auf seine eigenen Erfahrungen mit medizinisch reinem Lyserg zurückgreifen konnte, denn er hatte Acid unter ärztlicher Aufsicht kennengelernt. Nicholson schluckte seine erste Dosis am 29. Mai 1962, einhundertfünfzig Mikrogramm. Er gehörte ebenso wie Cary Grant und James Coburn zu einem Kreis von Schauspielern, der in der geschützten Umgebung einer Villa LSD verabreicht bekam und über eventuelle Effekte auf die Steigerung der Kreativität spekulieren durfte. Nicholson verarbeitete in dem Drehbuch auch seine Trennungserfahrung, denn er lebte gerade in Scheidung.

Die Handlung ist schnell erzählt. Paul, ein Werbefachmann aus der Mittelschicht, befindet sich in einer Lebenskrise und versucht diese Stagnation mittels LSD in Bewegung zu bringen. Ein Freund, der als erfahrener Tripsitter fungiert, verabreicht ihm eine Kapsel mit der Hofmann-Dosis von 250 Mikrogramm und gibt ihm den Rat: „Turn off your mind, relax and float downstream." Paul setzt seine Augenklappe auf und begibt sich auf den „Trip". Den Zuschauer nimmt er gleich mit, denn wir erleben, was er erlebt. Und die für die optischen Effekte zuständige Firma Charlatane Productions gibt alles. Kaleidoskopierte Bildsplitter, Zoomeffekte, Überblendungen, Stroboskope, Lichtshow und Projektionen vermitteln einen Eindruck von Pauls fragmentierter

Wahrnehmung. Der Film wird selbstbezüglich und „The Trip“ entwickelt sich auch für den Betrachter zum Trip. Surreale Albtraumsequenzen verraten ganz klar, womit der Regisseur Roger Corman zuvor seine Brötchen verdiente. Die Machart verweist auf B-Movie-Horror alá „Der Untergang des Hauses Usher“, „Das Pendel des Todes“ und „Lebendig begraben“, die bei manchen Cineasten Kultstatus genießen. Die Handlung musste zwangsläufig Züge eines *Bad Trips* bekommen.
Ein gesprochener Warnhinweis vor schwarzer Leinwand zu Beginn des Films diente der rechtlichen Absicherung, denn bei der Fertigstellung des Films war LSD in Kalifornien bereits eine illegale Substanz. Auch sonst ist der Film nahe am Zeitgeschehen. Als Musikgruppe im Hintergrund sehen wir in einer Szene die International Submarine Band, mit einem blutjungen Gram Parsons als Frontmann. Den psychedelischen Soundtrack lieferte tatsächlich eine andere Formation, es handelte sich hierbei um Mike Bloomfields neue Band Electric Flag. Auch sehen wir Peter Fonda und Dennis Hopper erstmals gemeinsam vor der Kamera. Im Vereinigten Königreich war der Film übrigens 36 Jahre lang verboten.

Psych-Out
(mit Jack Nicholson und Bruce Dern; ursprüngliches Drehbuch: Jack Nicholson)

Eine gehörlose Frau kommt auf der Suche nach ihrem spurlos verschwundenen Bruder nach San Francisco und verliebt sich in den Sänger einer erfolglosen Rockband. Soviel zum Plot des Exploitationmovies. Das ursprüngliche Drehbuch basierte auf einer Idee von Jack Nicholson, der sich die Rolle des Stoney – Aufreißertyp, Kiffer und Frontmann einer Rockband – auf den Leib geschrieben hatte. Dem Regisseur Richard Rush sagte die erste Fassung nicht zu und er setzte ein neues Team auf den Stoff an. Herausgekommen ist ein miserabel geschnittenes Trash-Movie ohne Spannungsbogen, das versucht, aus dem Zeitgeist Kapital zu schlagen.

Head
(mit The Monkees, Dennis Hopper und Frank Zappa; Drehbuch: Jack Nicholson)

Bei „Head" handelt es sich um einen Film mit den Monkees, der ersten gecasteten Boygroup der Welt, die sich im Groben an den frühen Beatles orientierte. Ihre Zielgruppe waren Teenager, die man gerade als Geldquelle anzuzapfen begann. Die vier Monkees traten bereits in einer gleichnamigen TV-Serie auf, deren Handlung analog zu den Beatlesfilmen aus einer Aneinanderreihung alberner Gags bestand und selten Sinn ergab. Das Monkee-Movie ist da nicht anders. Im Intro singen Peter Tork, David Jones, Micky Dolenz und Michael Nesmith: „We hope you like our story, although there isn't one." Damit wurde nicht zu viel versprochen. Die Protagonisten springen stetig zwischen den diversen Kulissenbauten eines Filmstudios hin und her und befinden sich mal in einem Western, mal in einem Schützengraben, mal auf einer Geburtstagsparty, mal in einem Gruselfilmambiente oder im Inneren eines Staubsaugers. Zwischendrin gibt es eine Gesangseinlage, und Frank Zappa hat einen Cameo-Auftritt. Das ist Monty Python's Flying Circus für bekiffte Teenager. Der Film operiert mit schnellen Schnitten, Szenenhopping und Rückblenden und wird so zu einer Art psychedelischem Trip, den

sich heutzutage jeder hyperaktive TV-Konsument mit einer zackigen Fernbedienung und einem Kabelanschluss selbst gestalten kann.
So erklärt sich dann auch der prägnante Titel „Head" – Kopf. Ein Head ist zum einen ein Hippie (wie in *Dopehead* oder *Acidhead*), zum anderen ist es der Ort, wo die in der Cut-up-Technik verabreichte Bilderflut hineinstrudelt, zusammengesetzt und mit individuellem Sinn aufgeladen wird. Auch wenn die Anspielungen auf psychedelische Drogen gut versteckt sind, gehört die Anfangsszene mit den leiernden Orgelklängen („Porpoise Song"), invertierten Falschfarben und daherschwimmenden Meerjungfrauen zu den psychedelischsten Sequenzen der gesamten Filmgeschichte.

Easy Rider
(mit Jack Nicholson; Drehbuch: Dennis Hopper & Peter Fonda)

Die vorangegangenen wechselnden Kollaborationen zwischen Peter Fonda, Jack Nicholson und Dennis Hopper kulminierten schließlich in dem gemeinsamen Roadmovie „Easy Rider", bei dem Dennis Hopper die Regie übernahm. Die Idee zu diesem Film kam den Beteiligten während des Drehs von „The Trip". Der Bikerfilm handelt von Wyatt und Billy, die auf umgebauten Motorrädern die Vereinigten Staaten durchqueren, um zum Mardi Gras in New Orleans zu sein. Unterwegs sammeln sie den trinkenden Anwalt George Hanson (Jack Nicholson) auf. Während ihrer Suche nach wirklicher Freiheit im Land der unbegrenzten Möglichkeiten stoßen sie immer wieder auf Ablehnung und Intoleranz bei der amerikanischen Durchschnittsbevölkerung, die

sich von Hippies und Langhaarigen bedroht fühlt. Die Vorurteile werden ihnen zum Verhängnis.
Der unabhängig produzierte Streifen sprach ein großes Publikum an und entwickelte sich über die Jahre zum Kultfilm. Zum Erfolg nicht unwesentlich beigetragen haben dürfte der Soundtrack. Statt einer eigens komponierten Filmmusik hatte Fonda aktuelle Lieder ausgewählt, die ihm gerade gefielen und die gut zur Geschichte passen würden. Steppenwolf, Dylan und The Byrds. Acid Rock, Folk und Country Rock. Musik des Protests, des Rauschs und der Gegenkultur. Die teilweise bereits bekannten Songs wurden so nachträglich mit bewegten Bildern verknüpft, die sich in der Ära vor MTV und Videoclips umso fester einprägten. Diverse Rockstars ließen sich auch vom Filmtitel inspirieren, zum Beispiel die Byrds („Ballad of Easy Rider") oder Jimi Hendrix („Ezy Ryder").
„Easy Rider" packte die Welt der Gegenkultur für das Publikum in Bilder. Dazu gehörte auch die Visualisierung eines LSD-Trips auf dem St. Louis Cemetery in New Orleans. Der Provokation nicht genug, der Rausch findet im Beisein zweier Huren statt. Diese Mischung führt schließlich zum dritten Sakrileg: Sex auf dem Friedhof, die Verbindung der beiden äußersten Pole des Lebens, Zeugung und Tod. Nachdem alle vier Beteiligten ihr Blotteracid mit Alkohol heruntergespült haben, wechselt die Kameraführung in den experimentellen Modus, um die Veränderungen im Innenleben der Tripper sichtbar zu machen. Es gibt Nahaufnahmen, verzerrte Weitwinkel, blitzartige Vor- und Rückblenden, Unschärfen, Regentropfen kleben auf dem Objektiv, Sonnenstrahlen brechen sich in der Kameralinse. Unser Quartett tapert abwechselnd lachend und weinend im

Labyrinth der Grabmale umher und irritiert durch sein bizarres Verhalten einige Trauergäste. Peter Fonda ist an eine Marmorallegorie der Bella Italia gelehnt und trauert im Selbstgespräch um seine Mutter, die ihm im Alter von zehn Jahren genommen wurde. Dass sie Selbstmord begangen hatte, erfuhr Fonda erst mit 20 Jahren, denn Vater Henry hatte seinem Sohn lediglich gesagt, die Mutter sei an einem Herzanfall gestorben. Die Trauer ist also echt. Die Friedhofszene ist zwar nicht der erste künstlerische Versuch, einem größeren Publikum die Wirkungen von Lysergsäure anschaulich zu vermitteln, aber es ist der erste künstlerische Versuch, dem es tatsächlich gelang, ein größeres Publikum zu erreichen.
Der dialogarme Film spielte bisher 40 Millionen US-Dollar ein, hatte aber nur einen sechsstelligen Bruchteil gekostet. Der finanzielle Erfolg ermunterte nun die großen Studios dazu, jungen Nachwuchsregisseuren wie Francis Ford Coppola („Apokalypse Now“), George Lukas („American Graffiti“) und Martin Scorsese („Hexenkessel“) eine Chance zu geben und das jugendliche Kinopublikum zurückzugewinnen. Hiermit begann die Geschichte des *New Hollywood.*

1969 Bernward Vesper: Wohin die Reise geht

Im Spätsommer 1969 flattert dem März-Verlag ein ungewöhnlicher Vorschlag für eine Autobiografie ins Haus: „Ich wüsste gern, ob ihr folgendes Buch machen könnt: Ich arbeite zur Zeit an der ersten Hinschrift eines mühsam mit 'Romanessay' bezeichneten Textes namens: TRIP. Es ist die versuchsweise genaue Aufzeichnung eines 24stündigen LSD-Trips, und zwar sowohl in seinem äußeren wie in seinem inneren Ablauf ... Diese erste Niederschrift will ich dann in weiteren Trips umdiktieren, bis eine 'endgültige Form' erreicht ist ... Man muss mit Tonbändern arbeiten ... ich könnte, wenn ich nicht ernstlich ausflippe, in ca. einem Jahr mit der Chose fertigwerden."[49]

Um dem Verlag das Konzept schmackhaft zu machen, wirbt der Absender mit dem allgemeinen Interesse der Jugend an Drogen und dem erwartbaren Eklat der Presse zur Entstehungsweise. Darüber hinaus soll der „ungeheuer ausgearbeitete Report" mit LSD-Kritzeleien illustriert werden. Der Brief schließt mit der Bitte um ein Tonbandgerät und dem Hinweis an den Lektor: „Halt mich bitte nicht für verrückt."

Im Verlag ist man skeptisch und lässt sich mit einer Antwort Zeit. Im zweiten Anschreiben heißt das Romanessay DIE REISE, was eine Eindeutschung, aber auch eine Entschärfung des englischen 'Trip' bedeutet. Dem Schreiben beigefügt ist eine grobe Gliederung und die Bitte um Geld.

Dass die Entscheidung schließlich zugunsten des Romanprojektes ausfällt, hat vor allem mit der Biografie dem umtriebigen Autors zu tun. Bernward Vesper ist der Sohn des NS-Schriftstellers Will Vesper und Verlobter des RAF-Mitglieds Gudrun Ensslin. Ensslin steht zu diesem Zeitpunkt wegen des Kaufhausbrandes mit ihrem Geliebten Andreas Baader vor Gericht. Zudem ist Vesper als gelernter Buchhändler, politisch aktiver Autor und Herausgeber der Edition Voltaire im Verlagswesen kein unbeschriebenes Blatt.

Vesper kündigt an, explizit auf Vater, Mutter und „die Frau" einzugehen. Er will alle Details des „subtilen Fa-

schismus“ von der Kindheit bis zur Gegenwart herausarbeiten, was vor allem die Auseinandersetzung mit dem dominanten völkischen Dichtervater bedeutet. Der Verlag setzt einen Vertrag auf. Für sechs Monate Arbeit soll es insgesamt 6000,-- DM geben.
Die Handlung ist auf drei verschiedenen Erzählebenen angelegt, die durch das Oberthema Reise locker miteinander verbunden sind. Auf der ersten Ebene schildert Vesper die Rückkehr von einer Jugoslawienreise, die ihn in Begleitung von Burton, einem Sonntagsmaler und Werbefachmann aus New York, nach München führt. Gemeinsam wirft man im Englischen Garten einen Trip ein, was die Bühne frei macht für die zweite Ebene, die LSD-Reise mit dem sogenannten Hofgartenerlebnis. Hierbei handelt es sich um Bernward Vespers erste LSD-Erfahrung. Rauschvorstellungen fließen darin ebenso ein wie aufflackernde Kindheitserlebnisse, erotisch Erinnerungen, verpasste Chancen und tagespolitische Schnipsel. Die dritte Ebene, in der Vesper mit dem zweijährigen Sohn Felix durch die Lande reist und die Geschichte im Bewusstseinsstrom niederschreibt, schildert die unmittelbare Gegenwart.
Als Höhepunkt sowohl seines LSD-Trips als auch seines Tripromans wertet Vesper das „Hofgartenerlebnis“, das er symbolisch auflädt und überhöht. Hier, in der „Hauptstadt der Bewegung“, sitzen der Sohn eines Nazidichters und der Sohn eines jüdischen Richters aus New York im LSD-Rausch friedlich beisammen und werden doch keine Freunde. Während der erfahrene Burton von dem eingeworfenen Trip kaum etwas merkt, kommt der unerfahrene Vesper schlecht drauf. Er durchlebt seine Geburt nochmal, durchstößt die Frucht-

blase und ist plötzlich abgetrennt, allein auf der Welt. Er sieht die Erde ohne Menschen.
Wie den Aufzeichnungen zu entnehmen ist, trug sich Bernward Vesper unmittelbar vor dem Hofgartenerlebnis bereits mit einer Buchidee, deren Arbeitstitel noch HATE lautete. Der Inhalt sollte so sein: Ich hasse Deutschland, ich hasse Berlin, ich hasse meinen Vater, ich hasse meine Lehrer und so weiter und so fort, 150 bis 200 Seiten lang, der ganze Hass muss raus. Zwischendrin dann: ICH LIEBE MICH. Enden würde das Buch trotzdem mit einem Selbstmord. Eine selbsterfüllende Prophezeiung, wie sich später zeigen sollte.
Zurück zur REISE. Mit dem Autor gehen bald alle geflügelten Pferde durch, das Projekt wird immer größer, fahriger und unverständlicher. Es entstehen lauter Fragmente, tagebuchartige Einschübe, erotische Traumsequenzen und reichlich Namedropping: Ginsberg, Grass, Stokely Carmichael, Rainer Langhans, Uschi Obermaier. Den Fußnoten im Manuskript kann man entnehmen, dass der Autor während der Niederschrift unter dem Einfluss von Präludin, Schwarzem Afghanen, Rotem Libanesen, aber auch „Grünem Schimmel-Shit von P." sowie Mikro-Meskalin stand. Das entspricht der ursprünglichen Intention, die REISE in fortlaufenden Trips umzudiktieren, bis eine endgültige Buchfassung herausgearbeitet wurde. Natürlich kann sich Vesper dabei auf Vorläufer beziehen, so die Technik des Cut-up von William S. Burroughs und der Montage, wie sie Alfred Döblin mit „Berlin Alexanderplatz" in die deutsche Literatur eingeführt hat.
Vesper muss frühzeitig geahnt haben, dass er etwas begonnen hat, das größer ist als er selbst. Bereits auf Seite

22 heißt es: „Man muss sich vermutlich damit abfinden, dass es ganz unmöglich ist, diese ganze Kloake von 31 Jahren zu Papier zu bringen." Er treibt ein weises Zitat aus Martin Walsers Kursbuch auf: „Noch ist nicht gezeigt, wie einer, der vom Trip zurückkommt, etwas mitbringen kann, was ihm hier hilft. Es sei denn: Erinnerung. Und: Sehnsucht nach dem nächsten Trip."[50] Das Manuskript wird niemals fertig. Der Autor verzettelt sich, flippt im Februar 1971 völlig aus und landet in der Psychiatrischen Klinik Hamburg-Eppendorf. Dort nimmt er sich am 15. Mai das Leben. Geschrieben hat er bis zum Schluss. Dass das Buch als solches posthum erscheint, ist dem Verleger Jörg Schröder zu verdanken, der in sechsjähriger Kleinarbeit aus dem Konvolut eine fertige Fassung collagierte. DIE REISE erscheint im Sommer 1977 und gelangt durch den Deutschen Herbst zu ungeahnter Aufmerksamkeit. Am 17. Oktober 1977 nehmen sich Gudrun Ensslin und Andreas Baader in der JVA Stammheim das Leben. Das subjektiv gefärbte Romanessay gilt plötzlich als Nachlass einer ganzen Generation und als Geburtsurkunde der RAF. Durch die Lektüre versucht die geschockte Bundesrepublik zu verstehen, warum alles so gekommen ist, wie es gekommen ist. Es erweist sich als ein Glücksfall, dabei an ein Buch geraten zu sein, aus dem man alles und jedes herauslesen kann. Bereits im Oktober 1981 wird mit der 21. Auflage die Gesamthöhe von 100.000 Exemplaren überschritten. Bernward Vespers Leben im Liebesdreieck Gudrun Ensslin und Andreas Baader gelangte mit dem Film „Wer wenn nicht wir" von Andres Veiel in die deutschen Kinos. Die Szene mit dem verschwommenen Titel „Bernward nimmt Zeugs", in der sich der Protagonist

daheim seinen ersten LSD-getränkten Zuckerwürfel einwirft, wurde allerdings aus der Kinofassung gestrichen.

Die Siebziger.

Ausgehend und vorangetrieben von den USA kam es zu einem weltweiten Verbot von LSD. Der von Präsident Richard Nixon 1971 initiierte „War On Drugs“ hält bis heute an und hat weder den Missbrauch beseitigen können, noch den Wunsch der Menschen, sich zu berauschen, abgestellt. Stattdessen entstand ein globaler illegaler Drogenhandel, der mit dem Verkauf von Kokain, Heroin, Cannabis und anderen Substanzen gigantische Gewinnmargen einfahren kann.

Eine wichtige Etappe im weltweiten Verbot von LSD war die „Konvention über psychotrope Substanzen“ der Vereinten Nationen vom Februar 1971. Die darin aufgestellte Liste kontrollierter Substanzen gliedert sich in vier Tabellen, wobei Tabelle I die gefährlichsten Suchtstoffe aufführte, also Drogen mit erheblichem Gesundheitsrisiko und geringem oder keinem therapeutischem Nutzen. Dazu gehören LSD, Cannabis und MDMA. In den anderen Tabellen sind vor allem Medikamente enthalten, die ein gewisses Abhängigkeitspotenzial besitzen. Die Bundesrepubliken Deutschland und Österreich verabschiedeten noch 1971 ihr jeweiliges Betäubungsmittelgesetz, die DDR folgte am 19. Dezember 1973 mit einem „Gesetz über den Verkehr mit Suchtmitteln“. Aktuell wird LSD im deutschen BtMG in der Anlage I unter der Bezeichnung Lysergid als „nicht verkehrsfähiges Betäubungsmittel“ gelistet.

Während sich die Gesetzeshüter in Bonn, Wien und Berlin Gedanken *über* das LSD machten, hatten in denselben Städten Gesetzesbrecher Gedanken *auf* LSD. Unter den prominenten Acidschluckern der siebziger Jahre waren viele Musiker der Krautrock- und Progrock-Szene sowie die Künstler H. R. Giger und Keith Harring, der Bassist Bill Laswell, der chilenische Regisseur Alejandro Jodorowsky, Rio Reiser, Lemmy Kilmister und viele weitere, die es bisher vorgezogen haben, nicht mit ihren LSD-Erfahrungen zu prahlen. Anzumerken sei noch, dass sowohl Steve Jobs in den USA als auch die gleichaltrige Nina Hagen in der DDR im Jahr 1972 ihre LSD-Erfahrungen sammelten. LSD war überall, wie es scheint.
Da Lysergid offiziell nicht mehr hergestellt werden durfte, konnte LSD nur noch aus illegalen Quellen bezogen werden. Ein bedeutender Produzent von Acid war die Julie-Bande in Wales, die zwischen 1971 und 1977 den Markt von Großbritannien und Irland bediente. Nigel „Leaf" Fielding war Teil des Projekts und veröffentlichte 2011 seine auch auf Deutsch erschienenen Memoiren unter dem aussagekräftigen Titel „Hippie Business". Wie viele seiner Zeitgenossen lernte Leaf Fielding die Wirkung des LSD im Sommer 1967 im universitären Umfeld kennen. Der Sohn eines strengen Armeeoffiziers war so begeistert, dass er sich sofort eine Pipette besorgte, das Wunderzeug auf Zuckerwürfel tröpfelte und an seine Freunde verteilte: „Nicht jeder wollte es versuchen, aber so ziemlich alle, die es taten, waren genauso euphorisch wie wir und wollten es ebenfalls ihren Freunden zeigen."[51] LSD breitete sich gleich einer Epidemie über die britischen Inseln aus. Ebenso wie Timothy Leary betrachtete es Fielding als seine Mission, die

Evolution der Menschheit voranzubringen. Aus dem Homo sapiens sollte der „Homo tolerans“ hervorgehen, ein Wesen, das sein Innerstes erforscht, Mitgefühl für andere entwickelt und die einzigartige Schönheit der Natur genießt und bewahren hilft. „Acid-Freaks würden den Planeten niemals zerstören“, da war er sich sicher.[52]
Als die Julie-Bande im Frühjahr 1977 von einer Spezialeinheit der Polizei aufgebracht wurde, wurde der Schwarzmarkt für kurze Zeit trockengelegt. Zeitgleich kam es zu einer Transformation in der Rockmusik. Bands wie die Sex Pistols, The Clash oder die Buzzcocks verhalfen dem Punkrock zum Durchbruch. Die Punks waren die Kinder der Hippies, und wie so oft, wollten diese Kinder nicht so werden wie ihre Eltern. Also runter mit der Blümchentapete, Mauerwerk hat die besseren Muster! Weg mit dem Batikhemd, chlorgebleichte Shirts tun's auch! Schluss mit den trippigen Gitarrenimprovisationen, drei Akkorde rocken schneller! Der Zeitgeist hatte sich geändert und die Acidheads wurden von den Speedfreaks abgelöst.

1970 Peter Green's Fleetwood Mac: Oh Well!

Ein genialer Bandleader verliert durch selbstmörderischen LSD-Konsum den Bezug zur Realität, fliegt deswegen aus der eigenen Band und verschwindet in der Versenkung. Mit Peter Green wiederholt sich das Schicksal von Syd Barrett (Pink Floyd), Brian Wilson (Beach Boys) und Brian Jones (Rolling Stones) ein weiteres Mal.
Peter Green verdiente sich seine ersten musikalischen Sporen bei John Mayall & the Bluesbreakers, als Ersatz

für Eric Clapton, der 1966 ausgestiegen war, um Cream zu gründen. Bei den Bluesbreakers lernte Peter Green dann seine zukünftigen Mitstreiter Mick Fleetwood und John McVie kennen. Im Frühjahr 1967 starteten die drei ihr eigenes Bluesprojekt: „Peter Green's Fleetwood Mac“. Damit waren alle Gründungsmitglieder im Bandnamen vertreten. Peter Green bearbeitete die Gitarre, Mick Fleetwood saß am Schlagzeug und John 'Mac' McVie spielte Bass. Peter Green, der einfach nur auftreten und spielen und nicht als Frontmann im Mittelpunkt stehen wollte, ließ seinen Namen jedoch nachträglich entfernen. Wie prophetisch, denn zwei Jahre später sollte sich Green auch als Musiker aus der Band kicken.

Zunächst lief es gut. Schon am 13. August 1967 bekam die Band Gelegenheit zu einem hochkarätigen Liveauftritt. Auf dem National Jazz & Blues Festival spielten die Newcomer neben etablierten Kollegen wie Cream, John Mayall & the Bluesbreakers, Ten Years After, The Crazy World of Arthur Brown, Jeff Beck und Donovan. Als Headliner standen Pink Floyd auf dem Plan, aber die Band musste absagen, weil Syd Barrett nicht in der Lage war aufzutreten. Ein erster Schicksalswink?

Peter Green's Fleetwood Mac veröffentlichten 1968 zwei Langspielplatten und gewannen durch fleißiges Touren eine stetig wachsende Anhängerschar. Im November 1968 hatte die Band mit dem verträumten Instrumentalstück „Albatross“ sogar einen ersten Hit in den weltweiten Singlecharts. An ihrem ersten US-Auftritt kamen Fleetwood Mac 1968 nach San Francisco und befreundeten sich mit den Grateful Dead, spielten einige Gigs mit ihnen und durften auch ihre hochgerüstete PA-Anlage benutzen. („Welten besser als der Krempel, über den wir zu Hause in Pubs und Clubs spielten.") Dabei lernten sie deren Manager und Tontechniker Oswley Stanley kennen, der ihnen sogleich sein selbst fabriziertes LSD anbot. Die Band lehnte ab. Drummer Mick Fleetwood: „Offen gestanden gab es auch ohne Halluzinogene genug zu verarbeiten."[53]

Die Amerikatournee vom Januar 1970 bestritten Fleetwood Mac als Vorgruppe der Grateful Dead. Man startete in Billy Grahams Fillmore Auditorium, *dem* Experimentierlabor für Acid-getränkte Musik in San Francisco. Diesmal wurde die Band schwach und ließ sich von Owsley das neumodische Zeug aufschwatzen. Die Initiation erfolgte allerdings erst in einem Hotelzimmer in New York und wurde als kollektive Banderfahrung zelebriert. Mick Fleetwood in seiner Autobiographie:

„Um eine Zeremonie daraus zu machen, versammelten wir uns alle in einem Zimmer. Und dann hatte ich eine vollkommen unerwartete Erfahrung, bei der mir buchstäblich das Hirn schmolz. Als die Wirkung einsetzte, endeten wir alle in einem Kreis und hielten uns an den Händen, geschüttelt vor Angst, wir könnten einen Horrortrip erleben und unserem Hirn dauerhaft großen Schaden zufügen. Als ich zu Peter hinüberblickte, sah ich ihn als Skelett und dachte, er wäre tot."[54]

Die Skelettierung mag als Assoziation auf die Grateful Dead gedeutet werden. Was als Horrortrip begann, bekam schnell eine ungeahnte telepathische Komponente:

„Es war schrecklich, wir waren alle vollkommen am Boden, und dann klingelte das Telefon. Das Schrillen brachte uns auf hundertachtzig (...) Schließlich ging jemand ran, und wie durch ein Wunder war Owsley am anderen Ende der Leitung. Offenbar hatte er unsere

Schwingungen gespürt; wie ein LSD-Superheld hatte er gemerkt, dass wir in Gefahr waren. Wir ließen das Telefon herumgehen und plapperten und schluchzten in den Hörer. Und er beruhigte jeden einzelnen von uns, so wie er es schon bei so vielen getan hatte. Es funktionierte, und schon bald hatten wir keine Angst mehr und konnten den Trip genießen. LSD war eine verbindende Erfahrung für uns, die wir auch noch bei anderen Gelegenheiten gemeinsam wagten, und jeder Trip war einzigartig. Wie so viele unserer Generation benutzten wir es als Instrument, um unser kollektives Bewusstsein zusammenzubringen."[55]

Bei einem Gig mit den Grateful Dead im neu eröffneten Warehouse in New Orleans wurden Fleetwood Mac die Opfer eines typischen Owsley-Streichs. Der hatte heimlich die Getränke präpariert und alle, einschließlich Mick Fleetwoods Ehefrau Jenny Boyd, hoben zu einem Trip an, der sie fast den Auftritt gekostet hätte:

„Mittlerweile war ich ziemlich neben der Spur, saß vor meinem Schlagzeug und versuchte dahinterzukommen, was wir jetzt machen sollten. Als Peter auf die Bühne kam, schnappte er sich zwei Drumsticks und schlug sie erst mal eine Zeit lang gegeneinander, bevor er sich seine Gitarre griff. Danach fügte sich alles, und irgendwie schaffte er es, uns durch die Show zu lotsen. Trotzdem war es von Anfang bis Ende die reinste Achterbahnfahrt. Wenn man LSD geschluckt hat, ist Zeit nur ein absurdes Konzept; die Zeit kann sich ins Unendliche ausdehnen oder mit Lichtgeschwindigkeit verfliegen. Während des Konzerts geschah beides, und dann war es plötzlich vorbei."[56]

Dann veröffentlichte die Band das Album „Then Play On" sowie die Single „Oh Well", die aufgrund ihrer

Überlänge von neun Minuten auf A- und B-Seite verteilt wird. Das neue Material kam beim Publikum gut an, und Fleetwood Mac verkauften 1969 mehr Platten als die bereits unter Auflösungserscheinungen leidenden Beatles oder die Rolling Stones, die sich gerade erst von Brian Jones getrennt hatten (die freie Stelle besetzten die Stones übrigens mit Mick Taylor, Peter Greens Nachfolger bei John Mayalls Bluesbreakers).

Obwohl alles bestens lief, reagierte Peter Green zunehmend unzufriedener und warf sich einen hochdosierten Trip nach dem anderen ein. Green kam – ebenso wie Syd Barrett vor ihm – mit dem Erfolgsdruck nicht klar. Auch hielt er das viele Geld für böse und wollte lieber schlicht leben. Als Zeichen seines Armutsideals ließ er sich einen Bart stehen und trug einen Kaftan sowie ein Kruzifix. Stundenlang meditierte er, betete zu Jesus und spendete sein Geld wohltätigen Zwecken, einmal sogar 12 000 Pfund auf einen Schlag. Das Gleiche verlangte er von seinen Bandkollegen, die aber dankend ablehnten. Mick Fleetwood Meinung zu Peter Greens psychischen Problemen erinnert an Dave Gilmours Kommentar zu Syd Barretts Erkrankung:

„Zweifellos hatten sie auch mit seinem LSD-Konsum zu tun, aber in Bezug auf den menschlichen Geist gibt es nicht nur Schwarz und Weiß. Peters Krankheit wäre trotzdem ausgebrochen, und vielleicht war sie nur ein Symptom seiner inneren Suche, aber meiner Meinung nach war das LSD eindeutig ein destabilisierender Faktor.“[57]

Das Touren mit den Dead hatte auf vielerlei Weise Spuren hinterlassen, vor allem deren ausuferndes Improvisieren. Dazu Peter Green: „Ich will nicht immer dasselbe spielen, sondern jammen. Ich möchte nicht mal ein Stück zweimal spielen. Ich will nicht schon am Anfang wissen, wie es endet (…) Ich werde mir etwas Neues suchen müssen." Aufgrund der Diskrepanzen verkündete Green im Februar 1970 seinen Ausstieg aus der Band. Er versprach jedoch den anderen, den bereits eingegangenen Verpflichtungen nachzukommen.

Nach einem Konzert am 23. März 1970 in München wurde Peter Green zielgerichtet vom Kommunardenpärchen Uschi Obermaier und Rainer Langhans abgefangen und in ihre Highfish-Kommune bei Landshut eingeladen. Green sollte das machen können, was ihm Spaß bereite: mit ihnen Trips einwerfen und jammen – wie es in Krautrockszene eben üblich war. Diese Nacht veränderte Peter Greens Leben und Persönlichkeit, für immer. Später erklärte er: „I went on a trip and never came back." Rainer Langhans schilderte die Begebenheit in seiner Autobiografie so:

„Wir haben immer irgendwelche Gruppen, die einen Gig in München hatten, eingeladen auf das Schlösschen, haben dann zusammen mit ihnen getrippt, Musik gemacht und zum Teil auch aufgenommen. (…) Nach dem Auftritt von Fleetwood Mac in München, im Deutschen Museum, ist die Band ins Hotel, und Peter Green ist mit uns mitgekommen, mit den Highfisch-Leuten. Dann sind wir zusammen auf unser Schlösschen gefahren. Diese Nacht haben wir zusammen mit ihm verbracht, haben getrippt, gejammt, sind auf LSD durch die Räume gefloated. Wir hatten auf einer Revox-Maschine, die wir unten stehen hatten, die Session mitgeschnitten. Er hat das Band mitgenommen. Es war ihm heilig, sagte er später. Wir waren ziemlich drauf in der Nacht. So etwas wie unsere Kommune kannte er nicht, das gab es in England nicht. (…) Die Band hat viel später seine Nacht bei uns in München dafür verantwortlich gemacht und behauptet, sein Trip mit uns hätte ihn völlig verändert. Er hat wohl in England weiterhin nach einer Kommune Ausschau gehalten, aber nichts dergleichen gefunden – und sich freiwillig in eine Heilanstalt einweisen lassen, wo er mit Elektroschocks behandelt wurde. Er ist einer der rätselhaften Verschwundenen der Popmusik."[58]

Nach Meinung von Mick Fleetwood und John McVie war Geld im Spiel, viel Geld. „Diese Deutschen nutzten ihn nur aus." Peter Green zeigte sich durch das Kommunenleben weiter radikalisiert. Er sprach immer mehr über „unreines Geld" und dass es ihm wie „eine Eisenkugel am Herzen" hing. Ob die Kommunarden den verwirrten Green mit marxistischen Theorien geimpft haben, ist nicht überliefert. Fakt ist, seine Karriere bei Fleetwood Mac war zu Ende. Noch im selben Jahr erschien dann sein Soloalbum „The End Of The Game".

Im Jahr darauf traf Fleetwood Mac der nächste große Schicksalsschlag. Die beiden übrigen Gitarristen Danny Kirwan und Jeremy Spencer kickten sich mit Meskalin aus der Realität und aus der Band. Fleetwood Mac mussten als Rhythmusgruppe wieder von vorn anfangen. Durch die Vereinigung mit dem Folkduo Buckingham & Nicks wurde aus der britischen Hardrockband der Sechziger in den Siebzigern eine kalifornische Softrockband mit gleich zwei Frauen am Mikrophon. Statt Blues diente nun Folk als Grundlage und statt LSD gab es Kokain. Aber das ist eine andere Geschichte.

1970 Acid + Sauerkraut = Krautrock

Als Timothy Leary 1973 gefragt wurde, was er während seines Schweizer Exils gemacht habe, antwortete er knapp: „Ich habe eine Rock&Roll-Platte gemacht mit einer deutschen Techno-Rockgruppe.“[59] Die Aufnahme schien bei dem selbsternannten Hohepriester des LSD keinen großen Eindruck hinterlassen zu haben, denn er nannte weder den Namen der Band, noch den Titel des Albums, noch erwähnte er genaue Hintergründe zur Entstehung. Das wird hiermit nachgereicht. Bei der „Techno-Rockgruppe“ handelte es sich um die Berliner Krautrockformation Ash Ra Tempel, die früh Synthesizer einsetzte. Das betreffende Album vom August 1972 trägt den Titel „Seven Up“, und der Name kam nicht von ungefähr. Während der Jamsession, bei der große Teile des Albums entstanden, wurden die beteiligten Musiker um den Keyboarder Manuel Göttsching einschließlich Leary mit Starkstrombrause in einen kollektiven Rausch versetzt.

Der Roadie Klaus D. Müller hatte damals auch von dem „elektrischen“ Gebräu getrunken und erinnert sich: „Es war im August ’72, ein unheimlich heißer Sommertag. Jemand gab uns 7Up zu trinken, eisgekühlt, wunderbar, ich hatte irrsinnigen Durst. Bis ich merkte, dass da LSD drin war. Sehr gutes LSD. Ich kam auf einen fürchterlichen Trip. Heute mag das seltsam erscheinen: Ich war ein bisschen pikiert, dass mir keiner was gesagt hatte, aber irgendwie schien mir das damals normal.“[60]

Die Zusammenarbeit von Ash Ra Tempel mit Leary ging auf den Journalisten, Buchautor und Produzenten Rolf-Ulrich Kaiser zurück. Auf dessen neuem Sublabel *Kosmi-*

sche Kuriere sollte das Album denn auch erscheinen, als erstes in einer Reihe von intergalaktischen Soundtrips. Kaiser hatte selbst gerade einen epochalen Trip hinter sich und war dadurch mit seiner Lebensgefährtin Gille „Sternenmädchen" Lettmann zu einem begeisterten Anhänger des LSD-Apostels Timothy Leary geworden. Zusammen formulierten sie die Pressemeldungen für das Label: „Wir sind die Kosmischen Kuriere. Zuerst senden wir unsere Musik, später expandieren wir in eine schönere Welt." LSD erweitert das Bewusstsein, also führt die Musik trippender Musiker das Bewusstsein der Zuhörerschaft wie ein Raumschiff in neue kosmische Welten, so die steile These.

In der westdeutschen Musikszene jener Tage war Rolf-Ulrich Kaiser dank seiner Artikel und Sachbücher zum Rock- und Polit-Underground kein Unbekannter mehr, und seine Bedeutung für die Entstehung einer deutschen Rockszene darf nicht unterschätzt werden. Im revolutionär aufgeladenen Jahr 1968 organisierte „RUK-ZUK" die Internationalen Essener Songtage, Westdeutschlands erstes Rockfestival. Auf dem Festival traten neben internationalen Stars wie Alexis Korner, Tim Buckley und Frank Zappa auch Vertreter einer gerade aufblühenden deutschen Rockmusik ins Rampenlicht, darunter die Krautrocker von Amon Düül, Guru Guru, Xhol Caravan und Tangerine Dream.[61]

Besonders bei Westdeutschlands berühmtesten Mitbewohner Rainer Langhans hatte sich der Auftritt der siebenköpfigen Musikerkommune Amon Düül tief eingeprägt, denn unter den ekstatischen Trommelschamanen befand sich die damals 22-jährige Uschi Obermaier, in die sich Langhans sofort verguckte. An die

Anti-Musik von Amon Düül, die prinzipiell mitmusizieren ließen, wer wollte, erinnerte sich Langhans folgendermaßen: „Die haben sich jedes Mal in einen Rausch gespielt, in eine Art Trance. Eine Musik, die nirgends anfing, die nirgends endete; alle stiegen irgendwo ein und irgendwo wieder aus und waren oft auf Trip und bekamen die Einsätze nicht mehr zusammen, sodass etwas entstand, was man irgendwann nicht mehr Musik nennen konnte, was Menschen aber dadurch zusammenbringen konnte.“[62]

Der zunehmend unüberbrückbare Spalt zwischen Amateuren und Dilettanten in der Gruppe führte zum Bruch, so dass auf den Essener Songtagen mit Amon Düül und Amon Düül II beide Fraktionen vertreten waren. Dass ein LSD-Rausch eine Band nicht unbedingt zu musikalischen Höchstleistungen beflügeln muss, demonstrierten Amon Düül während ihrer Vorführung. Rainer Langhans: „Der Auftritt von Amon Düül in der Gruga-Halle ging ziemlich schief, weil alle auf Acid waren und einfach nicht zusammenkamen. Völlig verrückter Sound.“[63]

Dennoch bekamen beide Düüls die Gelegenheit, jeweils eine Schallplatte aufzunehmen. Amon Düül veröffentlichten ihr Debütalbum mit dem sprechenden Namen „Psychedelic Underground“. Weitere Andeutungen lieferten Songtitel wie „Ein wunderschönes Mädchen träumt von Sandosa“ bzw. „Der Garten Sandosa“ (man denke hierbei an Sandoz). Mit „Mama Düül und ihre Sauerkrautband spielt auf“ lieferte die Platte gleich noch eine Steilvorlage zur Rubrizierung dieser Experimentalmusik aus deutschen Landen, für die britische DJs bald den Begriff Krautrock erfanden. Amon Düül II legten mit „Phallus Dei“ ebenfalls 1969 ihr Debütalbum vor,

und zusammen mit der LP „Monster Movie“ von Can und Xhol Caravans „Electrip“ aus demselben Jahr bekam der deutsche Untergrund ein solides Fundament.
Krautrock war eine völlig eigene Herangehensweise bei dem Versuch, zeitgenössische Musik zu machen. Der deutsche Beitrag zur Rockmusik wollte ganz ohne amerikanische oder afroamerikanische Einflüsse auskommen, also „ohne die Tyrannei des Blues und Rock“. (Iggy Pop)[64] Man verzichtete auf bewährte Kompositionsschemata, komplexe Gitarrensoli und harmonischen Gesang. Stattdessen gab es rohe repetitive Riffs und monotone Trommelrhythmen.
Während viele Krautrocker der Anfangsphase ihre Titel während eines kollektiven Freak-outs einspielten, verabschiedeten sich einige Musiker bald von diesem orgiastischen Chaos-Konzept, stellten die Instrumente in die Ecke und verließen sich auf die Berechenbarkeit elektronischer Klangmaschinen. Kraftwerk sind diesen Weg gegangen und haben für House, Synthie-Pop und Techno die Autobahn-Abfahrten angelegt. Ihr elektronisches Album „Autobahn“ von 1974 mit erstmals eingebauten Soundschnipseln landete sogar in den US-Billboard-Charts. Dass Kraftwerk zu dem Zeitpunkt bereits zwei experimentelle und selbst betitelte Platten eingespielt hatten, ist vielen bis heute nicht klar; die Band zählt diese heute auch nicht zu ihrem offiziellen Kanon. Das treibende Instrumentalstück „Ruckzuck“ von ihrem Debütalbum erreichte in den 1970ern als Erkennungsmelodie der ZDF-Sendung „Kennzeichen D“ regelmäßig ein größeres TV-Publikum. Auch dieser Krautrockkapelle war der Rausch nicht fremd. Der Multiinstrumentalist Eberhard Kranemann war von 1971 bis 1972 Mitglied

von Kraftwerk und schwärmte von dieser Zeit: „Mensch, wir haben früher zusammen Joints geraucht oder bei Florians Vater nackend im Schwimmpool gesessen. Joints, LSD, alles rein und dann dem Vater den Sektkeller leergesoffen – das war toll!“[65] Doch dann verabschiedeten sich der Gitarrist Michael Rother, der Schlagzeuger Klaus Dinger und Eberhard Kranemann von Kraftwerk, um mit ihrer eigenen Band NEU! trippige Songstrukturen einzuspielen. Ralf Hütter und Florian Schneider machten als Duo weiter und entwickelten parallel zu Tangerine Dream eigene Vorstellungen einer Zukunftsmusik.

Zurück zu Rolf-Ulrich Kaiser. Aus dem Katalog seines Mutterlabels *Ohr Musik* hatte sich RUK-ZUK die fähigsten Musiker zusammengesucht und aus ihnen eine Art Supergroup geformt, die Kosmischen Kuriere. Die Studioband sollte Kaiser im kollektiven Rausch die kosmische Musik liefern, nach der ihm neuerdings verlangte. Bei der Session zur LP *Lord Krishna von Goloka* kam es zum Bruch, als sich der Keyboarder Klaus Schulze entschieden weigerte, das kostenlos verteilte LSD einzunehmen, indem er eine Gelbsucht vortäuschte: „Rolf-Ulrich möchte uns am liebsten immer high im Studio haben, aber auf einem Trip kann ich nicht improvisieren.“ (Spiegel 1973/40)

Das Gebaren des Plattenproduzenten wurde zunehmend kruder. Kaisers Pressemeldungen waren nicht von dieser Welt und schienen eher vom Raumschiff Enterprise oder vom Mond zu kommen. Darüber hinaus geriet das Label in finanzielle Schwierigkeiten und bezahlte seine Musiker nicht mehr angemessen. Obendrein schnitt Kaiser ohne deren Wissen Reste verschiedener Aufnahmesessions zusammen und veröffentlichte diese als eigenständige Alben unter dem Etikett *Cosmic Joker.* Das Vorbild ist schnell ausgemacht, denn wer sich beispielsweise das Doppelalbum *Gilles Zeitschiff* anhört, dem fällt rasch die Ähnlichkeit zu Learys Spoken-Word-Platte „You Can Be Anyone This Time Around" auf: sphärische Musik, Echoeffekte und krude Botschaften. Was jedoch kosmisch wirken sollte, wirkte meist nur noch komisch. Klaus Schulze und Edgar Froese von Tangerine Dream klagten sich schließlich aus dem Vertrag mit Kaiser, und im Jahr 1975 war Schluss mit den Kosmischen Kurieren. Rolf-Ulrich Kaiser und Gerlinde „Gille" Lettmann tauchten unter und sind seither von der Bildfläche verschwunden.

1971 Steve Jobs: Der Apfel der Erkenntnis

Steve Jobs, der Apple-Gründer, hat sich vor allem als Entrepreneur und Marketinggenie einen Namen gemacht. Während es für die Jugend der vergangenen Dekaden noch attraktiv erschien, eine Band zu gründen und als Rockstar reich und berühmt zu werden, findet die Generation Internet es viel attraktiver, ein Startup zu gründen und milliardenschwere Aktienpakete zu horten. Steve Jobs gehörte zu der Nachfolgegeneration der Hippies, die sich aber ebenso sehr für Musik, Politik und Bereiche der Gegenkultur interessierte, wozu auch Marihuana und LSD zählten. In Jobs autorisierter Biographie findet man im Sachregister zehn Einträge zum Stichwort „LSD". Dem bereits an Krebs erkrankten Apple-Guru schien es von eminenter Wichtigkeit, die Nachwelt nicht nur über seinen LSD-Gebrauch in Kenntnis zu setzen, sondern auch über den Fakt, dass ihm das LSD geholfen habe, die Welt zu verstehen: „Ich wurde in einer magischen Zeit erwachsen. Unser Bewusstsein wurde durch Zen erweckt, auch durch LSD."[66] Insgesamt zehn bis 15 mal will er es auf Zuckerwürfeln oder in Gelatine geträufelt eingenommen haben.

Steve Jobs kann als Musterbeispiel für eine gelungene Integration dienen. Der Sohn eines Syrers und einer Amerikanerin wurde von deutsch- und armenisch-stämmigen Adoptiveltern im Santa Clara Valley südlich der Hippie-Metropole San Francisco großgezogen. Die Adoptiveltern verwöhnten Steve und erzogen ihn in dem Glauben, er sei besonders. Das Santa Clara Valley war ursprünglich ein landwirtschaftliches Anbaugebiet, doch viele Apfel- und Aprikosenplantagen mussten einer von Rüstung und Raumfahrt angekurbelten Elektroindustrie weichen. Am Standort siedelten sich nun Unternehmen wie Hewlett Packard, Polaroid, Lockheed, Xerox, Intel, Fairchild Semiconductors und Atari an. Als der Rektor der nahegelegenen Stanford-Universität eine beträchtliche Fläche des unbebauten universitätseigenen Geländes für Unternehmensneugründungen zur Verfügung stellte, verstärkte er den Boom. Im Januar 1971 bekam das Santa Clara Valley einen neuen Namen verpasst: Silicon Valley. Im selben Zeitraum sammelte der junge Jobs, der gerade die Highschool besuchte, seine ersten Drogenerfahrungen. Freunde fand er vor allem unter den älteren Schülern, die ihn mit den Idealen der Hippies bekannt machten: „Meine Freunde waren wirklich kluge Jungs. Ich interessierte mich für Mathe, Naturwissenschaften und Elektronik. Sie auch, aber genauso für LSD und alles, was die Gegenkultur ausmachte."[67]

Jobs, der sich nun sowohl für Technik als auch für Kunst und Kultur zu interessieren begann, fing auch damit an, Grasjoints zu rauchen. „Ich war erst 15 und rauchte von da an regelmäßig Marihuana."[68] Zwei Jahre später, in seinem Abschlussjahr, gesteht er: „Ich stand jetzt etwas mehr unter Drogen. Gelegentlich warfen wir uns auch LSD ein, üblicherweise im Freien oder in Autos."[69]

Sein wichtigster Highschool-Freund war Steve Wozniak. Beide Steve verband das Interesse an Bob Dylan, an Elektronik und an Schulstreichen. Wenn Steve und Steve nicht gerade Dylans Liedtexte analysierten und auswendig lernten, dann dachten sich die zwei „Electronic Prankster" Schulstreiche aus, die einiges an Vorbereitung benötigten und bereits das organisatorische Genie des jungen Jobs offenbarten.

Auf dem College fand Jobs in Daniel Kottke einen neuen Freund. Auch Kottke stand auf Dylan, aber statt Elektronik und Schulstreichen begeisterte er sich für LSD und Zen-Buddhismus. Jobs ließ sich von der Zen-Begeisterung anstecken, mit dem Christentum hatte er frühzeitig gebrochen. Auch las er die Meditationsanleitung *Be Here Now* von Ram Dass alias Richard Alpert, einem Harvard-Kollegen von Timothy Leary. Darüber hinaus beschäftigte er sich intensiv mit Vegetarismus und alternativen Ernährungsweisen. Zusammen richteten sich Kottke und Jobs auf dem Dachboden von Kottkes Freundin einen Meditationsraum ein. Jobs: „Manchmal warfen wir dort LSD ein, aber hauptsächlich meditierten wir."[70]

Im Zen ist es wichtig, dass man sich von den Illusionen freimacht, die der menschliche Geist permanent ersinnt. Während Realität als etwas Unteilbares existiert, ist das Denken ständig damit beschäftigt, die Wirklichkeit sprachlich zu atomisieren oder der Vergangenheit nachzuhängen oder aber sich in Traumwelten und Wunschvorstellungen zu verlieren. Große Bedeutung besitzt im Zen die Achtsamkeit, das bewusste Sein im Hier und Jetzt. Laut eigener Aussage verdankte Jobs seiner Beschäftigung mit dem Buddhismus die Erkenntnis, dass Intuition wichtiger sei als Intellekt. Bei Apple resultierte diese Erkenntnis in der intuitiven Bedienung.

Durch sein Selbststudium an der psychedelischen Fakultät vernachlässigte Jobs das College. Nach dem ersten Semester brach er das Studium ganz ab, arbeitete stattdessen bei Atari und bereiste wie die Hippies vor und nach ihm Indien, das Ursprungsland des Buddhismus. Durch seine Erfahrung bei Atari bestärkt, gründete Steve Jobs zusammen mit dem Computergenie Steve Wozniak und dem Atari-Mitarbeiter Ron Wayne die Firma Apple, um die Welt mit selbstgebauten Heimcomputern zu erobern. Der Rest ist Geschichte.

Beim Aufbau des Unternehmens war es Steve Jobs immens wichtig, die richtigen Leute ins Boot zu holen. Dabei waren nicht allein gute Zeugnisse und Referenzen ausschlaggebend, sondern Menschen mit frischen Ideen und Bastlermentalität. Im Vorstellungsgespräch konnte es vorkommen, dass Jobs die Bewerber danach fragte, ob sie schon mal LSD genommen hätten. Die Bedeutung der Substanz auf sein Leben schätzte Jobs so ein: „Das Einwerfen von LSD war eine tief gehende Erfahrung, eines der wichtigsten Dinge in meinem Leben. LSD zeigt einem, dass es zwei Seiten einer Münze gibt, und es verstärkte mein Bewusstsein für das, was wichtig war – große Dinge zu schaffen, statt Geld zu scheffeln..."[71]

Bei seinem Ableben verfügte Steve Jobs über ein geschätztes Vermögen von 8 Milliarden US-Dollar. Oft wurde darüber spekuliert, welchen Einfluss LSD auf das Genie von Steve Jobs hatte. Gäbe es Apple heute überhaupt ohne Acid? Die Frage erinnert ein wenig an den Irrglauben vieler Jazzmusiker, die sich Heroin spritzten, um genauso virtuos spielen zu können wie Charlie Parker. Dabei es ist nicht die Droge, die das Instrument bedient, sondern der Mensch. Als Steve Jobs 1991 den US-Präsidenten beraten sollte, wurde er vorab vom FBI geprüft, zur Sicherheit. Der Behörde gegenüber teilte Jobs mit, dass er hauptsächlich von 1970 bis 1974 mit LSD experimentiert und seit 1986 gar keine illegalen Drogen mehr zu sich genommen habe. Zu diesem Zeitpunkt waren aber zumindest weder das iPhone noch der iPod auch nur ansatzweise angedacht.

1972 Nina Hagen: Alles so schön bunt hier

Offiziell waren Drogen in der DDR kein Thema. Im Sozialismus leben die Menschen glücklich nach ihren Fähigkeiten und bedürfen keiner drogeninduzierten Realitätsflucht. Sicherheitshalber hielt der Antifaschistische Schutzwall illegale Substanzen fern. Dennoch verabschiedete die Volkskammer am 19. Dezember 1973 das Suchtmittelgesetz der DDR. Die Bundesrepublik hatte schon 1971 ein Betäubungsmittelgesetz erlassen, welches das veraltete Opiumgesetz ersetzte und LSD in allen Kategorien als „nicht verkehrsfähig“ verbot.

Der bevorzugte Rausch in der DDR war der Alkoholrausch. Der war billig, legal und überall zu haben. Es gab aber durchaus auch andere Mittel für die temporäre Ausreise aus dem real existenten Sozialismus. Medikamente aus der Gruppe der Schlaftabletten, Schmerzmittel und Tranquilizer sorgten, zumeist in Verbindung mit Alkohol, für den gewünschten oder auch unvorhersehbaren Kick. Gängige und bekannte Präparate waren Faustan, Gastrobamat, Dormutil.

Das rezeptfreie Barbiturat Dormutil war so verbreitet, dass sogar Minderjährige damit hantierten. Nina Hagen schilderte in ihrer Biographie, wie sie als Zwölfjährige auf einer Ostberliner Laubenpieperparty von einem älteren Jungen zur Einnahme von Dormutil mit Bier überredet und im Anschluss verführt wurde.[72] Dass die frühreife Tochter der Schauspielerin Eva-Maria Hagen bald darauf auch die Bekanntschaft mit Cannabis und LSD machen konnte, war für DDR-Bürger hingegen eher untypisch. Dazu bedurfte es allerdings einer deutsch-polnischen Zusammenarbeit.

Durch die Liaison ihrer Mutter mit dem Liedermacher Wolf Biermann wuchs „Ninchen" in einem Haushalt auf, in dem Künstler, Freaks und Dissidenten gleichermaßen verkehrten. Die pubertäre Rebellin traf so die amerikanische Folkmusikerin Hedy West, den Nobelpreisträger Heinrich Böll und den blutjungen Udo Lindenberg. Mit 13 verliebt sich Nina in einen Bühnenbildner und Anarchofreak. Der „Gammler", wie Hippies in der DDR genannt wurden, erzählte ihr sagenhafte Geschichten über LSD, das Übliche, dass man damit Gott, aber auch den Teufel sehen könne. Die Sache mit Gott lässt die stark an Religion Interessierte aufhorchen. Ihre Ersatzmutti im Harz hatte die minderjährige Nina seinerzeit durch viel Liebe und argumentative Zuneigung für den lieben Gott

begeistern können. Aber Ninchen wollte nicht nur fühlen, dass es Gott gibt, sie wollte ihn sehen.
In einem Anfall von jugendlichem Leichtsinn versuchte Nina 1970, die Republik über den Umweg Polen in Richtung Westdeutschland zu verlassen. In Warschau lernte sie ihre neuen Freunde Marek und Karmil kennen. Die beiden Polen reichten der Fünfzehnjährigen ihren ersten Joint und sollten ihr Monate später eine noch viel tiefergehende Erfahrung bescheren. Nachdem Nina mit 17 Jahren in der Ostberliner Kastanienallee 55 ihre erste eigene Wohnung bezogen hatte, kamen ihre Warschauer Freunde zu Besuch. Marek und Karmil waren auf dem Transitweg und wollten in Westberlin Marihuana kaufen. Auf der Rückreise schauten sie wieder in der Ofenwohnung vorbei, ohne Marihuana, aber dafür mit LSD.
Aus religiösen Gründen zeigte sich Nina interessiert, allein die Sehnsucht nach Gott ließ sie die Pille schlucken. Ausgerechnet in der Hauptstadt eines als atheistisch auftretenden Staates begab sich die 17-Jährige mittels LSD auf Gottessuche. Über die Höhe der Dosis ist nichts überliefert, aber Nina teilte sich ihren Trip mit Karmil. Marek hingegen blieb nüchtern und fungierte als Tripsitter. Und schon geht die Reise los, das volle Programm: Nahtoderfahrung, Sterben, Verlassen des Körpers, Zwiegespräche mit Gott. Eine Nacht lang hing Nina an der Grenze zwischen Diesseits und Jenseits:
„Ich sehe das Meer aller Meere: das Urmeer. Aber ich halte das nicht aus, ich kann da nicht reingucken; es will mich verschlucken. Plötzlich rollt eine tsunamihafte Riesenwelle heran, die alles unter sich bedeckt, begräbt, zunichtemacht. Die Welt hängt schief, kippt weg, verschwindet. Vielleicht hilft der Fernseher? Ich schalte

ihn an, doch auch der spielt verrückt. Das gesamte Universum hängt schief."[73]
In ihrem ersten Hit in Westdeutschland, „TV-Glotzer", wird sie einst singen: „Ich bin so tot, war das nun schon mein Leben? Meine schöne Phantasie, meine Schaltstellen sind hinüber!" Aber es kam noch schlimmer, der Rausch wurde kein Höllentrip, er wurde die Hölle. Heftige Schmerzen, die sie im Nachhinein an ihre Geburtswehen erinnern, waberten eine gefühlte Ewigkeit zwischen Kopf und Bauch hin- und her. Erst eine Sterbeerfahrung erlöste sie von ihren Schmerzen, Nina wird aus ihrem Körper gesogen. Sie trifft auf Jesus, der ihr die gute Nachricht verkündet: „Ich war immer da, ich bin immer da, und ich werde immer da sein!" Das sind die tröstenden Worte, nach denen Nina so sehr verlangte.
Als sie am nächsten Morgen aufwachte, war sie eine erweckte Christin. Auch wenn es der langhaarige Marek mit seinem Kreuzanhänger war, den sie die halbe Nacht umarmte und mit „Jesus" ansprach – Nina ist sich bis heute absolut sicher: Es war Jesus Christus, der sich ihr offenbart hatte. Marek war nur die Projektionsfläche oder eine Art Avatar. Die Gotteserfahrung von damals habe auch heute noch eine große Bedeutung für sie, meinte Nina Hagen. Sie nimmt ihr die Angst vor anderen Menschen, vor dem Versagen und vor dem Tod. Ihre Freunde Marek und Karmil nennt sie seitdem ihre „religiösen Geburtshelfer".
In den Achtzigern beglückte Hagen ihre Fans mit einer deutschen Version von Norman Greenbaums Sterbehymne „Spirit in the Sky". Bei Nina hieß das Lied natürlich „Gott im Himmel", denn sie machte sich ihren eigenen Reim: „Wenn ich sterbe und man legt mich ins

Grab, dann holt mich mein total geliebter Schutzengel ab".

Ob nun mit Gottes Hilfe oder durch des Teufels Beitrag, Nina Hagens Karriere entwickelte sich durch günstige Fügungen langsam, aber stetig. Reinhard Lakomy verhalf ihr zu einer Berufsausbildung zur Schlagersängerin und Nina bekam endlich einen Berufsmusikerausweis. Nun übte sie den Beruf einer Schlagersängerin aus, auch wenn der „geistige Süßmüll" nicht das war, was sie singen wollte. Statt wie ersehnt mit Rockmusik landete Nina Hagen mit der Gruppe Automobil ausgerechnet mit der Schlagerparodie „Du hast den Farbfilm vergessen" einen ostdeutschen Hit. Als erfolgreiche Sängerin konnte sie jedoch immerhin darauf hoffen, unter die Reisekader aufgenommen zu werden und ins nichtsozialistische Ausland zu reisen.

Infolge der Biermann-Ausbürgerung konnte Nina Hagen im Dezember 1976 endlich in die Bundesrepublik reisen, und das für immer. Von da an ging's bergauf. In Hamburg ergatterte sie einen Plattenvertrag bei der CBS und fuhr mit dem Geld nach London. Im Dunstkreis der aufstrebenden Sex Pistols lernte sowohl Punk als auch Reggae kennen. Das war nun ihr Ding. Wieder zurück in Deutschland sang sie mit der eigens zusammengestellten Nina Hagen Band zwei goldene Langspielplatten ein, die den eingefangenen Londoner Zeitgeist ins piefige Deutschland transferierten. Die Alben *Nina Hagen Band* (1978) und *Unbehagen* (1979) gelten auch heute noch als Meilensteine deutschsprachiger Rockmusik.

Die Neunziger.

„Acid on the radio, acid on the brain, acid everywhere you go"
– Danny Wilson: The Second Summer of Love

Nichts konnte von den psychedelischen sechziger und siebziger Jahren weiter entfernt sein, als die verchromten und gläsernen Achtziger. Musikalisch herrschte mit Post-Punk, Wave, Disco, Metal, Synthiepop und Hip-Hop eine große stilistische Vielfalt, doch die zugehörigen Szenen setzten eher auf sedierende oder aufputschende Drogen statt auf Halluzinogene. Wie es aussah, griff das weltweite LSD-Verbot, die Substanz schien aus der Mode zu kommen. Das offene Prahlen mit LSD-Experimenten verschwand ebenso aus den Lyrics wie versteckte Andeutungen und Doppeldeutigkeiten. Dabei wurden die Hitparaden von Überlebenden der sechziger und siebziger Jahre angeführt (Genesis, Joe Cocker, Michael Jackson, Tina Turner, Rod Stewart, …).
Zum Ende der Dekade deutete sich eine psychedelische Wiedergeburt an, die als „Second Summer of Love" von 1989 in die Geschichte eingehen sollte und von der schottischen Band Danny Wilson in einem Popsong recht zeitnah verewigt wurde. Eigentlich begannen die Neunziger bereits 1987, als britische DJs von ihrem Sommerurlaub auf den Baleareninseln eine neue Musik mitbrachten und eine neue Art zu feiern. Plötzlich fingen auch weiße Jungs zu tanzen an, weil einfach alles

tanzte, tanzen musste. Mike Skinner alias The Streets nannte diese Pionier-DJs in „Weak Become Heroes", seiner Ode auf die Neunziger, beim Namen: „Respect for Johnny Walker, Paul Okenfold, Nicky Hollaway, Danny Rampling, and all the people who gave us these times." Auf Ibiza hatten diese DJs die elektronischen Klänge von *Chicago Techno* und *Detroit House* unter dem Einfluss einer neuen Tanzdroge kennengelernt: Ecstasy. Alles tanzte und schwitzte und trank Unmengen Wasser. Warum ausgerechnet Ibiza? Die Insel war als eine der wenigen Stationen des Hippietrails der siebziger Jahre übriggeblieben. Hier mischten sich Eingeborene, Althippies und Neuankömmlinge – ein Schmelztiegel auch für Ideen. Mit der neuen Musik und der neuen Tanzdroge holten die Discjockeys auch Elemente einer neuen Hippiekultur nach Großbritannien, wo die knallige Mischung vor allem in Manchester das Partyvolk begeisterte. Auf illegalen Partys in leerstehenden Fabrikhallen traf sich die Tanzjugend, warf Pillen ein und bewegte sich in selbsterdachtem Outfit zu elektronischen Beats. „Madchester" wurde zur nächsten großen Sache erklärt, *The Next Big Thing*. Lokale Bands, die sich mit festgefahrenen Punkakkorden langweilten, unterlegten ihre Songs nun mit einem tanzbaren Groove. Andere, beispielsweise die schottische Band The Shamen, sattelten gleich komplett auf die Musik aus dem Computer um. Das Motto der Zeit kam von Westbam und lautete: „Gitarren ins Museum!"

Auch im geteilten Berlin tat sich etwas. In Kreuzberg eröffnete Ende 1988 mit dem UFO der erste Acid-House-Club Deutschlands. Im Sommer 1989 trudelte die allererste Loveparade über den Ku'damm. Als dann die

Mauer fiel und der Kalte Krieg abtaute, begann „eine Periode in der Popgeschichte, wo völlig euphorisierte Menschen in weiten T-Shirts und Stüssy-Hütchen fest davon überzeugt waren, mit genau jenem Musikmix eine neue Weltordnung herbeizutanzen.“[74]
Der Ethnopharmakologe und Neoschamane Terence McKenna glaubte sogar an das Ende einer patriarchalisch geprägten „Dominator“-Kultur und das Aufdämmern eines neuen, von psychedelischen Drogen befeuerten goldenen Zeitalters. In „Re:Evolution“, einer Zusammenarbeit mit der Band The Shamen, äußerte McKenna seine originellen Ansichten: „What psychedelics do is they dissolve boundaries, and in the presence of dissolved boundaries, one cannot continue to close one's eyes to the ruination of the earth, the poisoning of the seas, and the consequences of two thousand years of unchallenged dominator culture, based on monotheism, hatred of nature, suppression of the female, and so forth and so on.“
Obgleich MDMA die Droge der Wahl in dieser Tanzbewegung darstellte, erlebte auch das LSD ein Revival. Bezeichnungen wie Acid House oder Acid Jazz aus jener Zeit sind ein kleiner Wink. Die Band Northside aus Manchester fragte ganz offen in die Runde: „Shall We Take a Trip?“ und verzichteten mit dieser Anspielung auf das Airplay im Radio der BBC. Primal Scream waren inzwischen „Higher Than the Sun“ und Dimensional Holofonic Sound warnten vor „Bad Acid #9“. Der britische Dubproduzent Neil Fraser aka Mad Professor sprang auf den Zug auf und veröffentlichte 1990 ein Album mit dem Titel „Psychedelic Dub“. Die Ramones besannen sich auf ihre eigene Jugendzeit und coverten

für das Album „Acid Eaters“ zwölf psychedelische Hits der Sixties.
In der Literatur wurde die Raverszene der frühen Neunziger von dem britischen Autor Irvine Welsh verewigt. Dessen Geschichten-Sammlungen „The Acid House“ (1994) und „Ecstasy“ (1996) zeigen einen anschaulichen, wenn auch drastischen Ausschnitt jener Jahre. Die Protagonisten, deren Leben sich zwischen elektronischen Beats und synthetischen Drogen abspielt, suchen nach dem Echten, nach Freundschaft, Gerechtigkeit, der wahren Liebe. In der titelgebenden Kurzgeschichte „The Acid House“ wird der schottische Hooligan Colin Bryce während eines hochdosierten LSD-Trips vom Blitz getroffen, aus seinem Körper geschleudert und in das Larvenstadium eines Neugeborenen gesogen. Welsh macht den LSD-Trip im Text sichtbar, indem er mit dem Schriftbild spielt und damit die Lesegewohnheiten herausfordert.

1988 Beastie Boys: Pass The Mic To Yauch

„Hippies at the band shell with the LSD“
– An Open Letter To NYC

Mit Beginn der Achtziger betraten die Beastie Boys als Teenager-Hardcore-Punkband die Bühnen von New York. Sie grölten sexistische Texte, verspritzten Dosenbier aus dem Hosenstall ins Publikum und beleidigten in pubertären Telefonstreichen das Frollein vom Amt. Zehn Jahre später waren die Beasties ein quirliges Hip-Hop-Trio, dass zu elektronischen Beats zu rappte. Neben dem Rapgesang wagte sich das Trio auch weiterhin an die Instrumente und spielte nun wahlweise Punk oder Jazz. Man konnte getrost von drei Bands in einer sprechen. Die neuen Songs trugen erhabene Titel wie *Graditude* (Dankbarkeit), *Namasté* (Hindu-Grußformel für „Habe die Ehre"), *Shambala* (tibetisches Fantasiekönigreich) und *Bodhisattva Vow* (Bodhisattva-Gelübde; der Bodhisattva ist eine Art buddhistischer Heiliger, der auf Nirwana verzichtet, um anderen Wesen zur Erleuchtung zu verhelfen). Bandgründer Adam Yauch alias MCA rief sogar eine gemeinnützige Organisation ins Leben, die sich für ein freies Tibet einsetzte. Namenspatron war der tibetische Asket Milarepa. Darüber hinaus startete Adam Yauch die *Tibetan Freedom Concerts*, eine Konzertreihe, deren Einnahmen ebenfalls die Unabhängigkeit Tibets vorantreiben sollten.

Was musste geschehen, damit aus übermütigen Rotzlöffeln demütige Buddhajünger werden? Eine mögliche Erklärung wäre, dass die B-Boys inzwischen zu Männern gereift waren. Aber wird man deswegen Buddhist? Eindeutig, was musste passiert sein.

Einen Hinweis liefert das Video „Fight For Your Right Revisited" von 2011. Der halbstündige Kurzfilm mit hochkarätiger Besetzung ist ein Sequel des gleichnamigen Musikvideos von 1986. Darin hatten die B-Boys in Böser-Buben-Manier die Teenagerparty eines Bürgersöhnchens aufgemischt und die elterliche Wohnung verwüstet. Das Sequel schließt an den Moment an, in dem die drei Party-Crasher (dargestellt von Elijah Wood, Danny McBride und Seth Rogen) die Wohnung verlassen und auf die heimkehrenden Eltern treffen (Susan Sarandon und Stanley Tucci). Anschließend brechen sie volltrunken in einen Spätshop ein, stehlen Bier, belästigen die Gäste eines Restaurants (Steve Buscemi, Alicia Silverstone) und steigen schließlich in eine Stretchlimo zu drei jungen Groupies (Kirsten Dunst, Chloe Sevigny, Maya Rudolph). Die 10. Minute wird dann zum Schlüsselmoment:

„Was uns nicht sogleich auffiel, die Metalgirls waren alle auf Acid. Sie kamen gerade von einem Van Halen-Konzert."

Auch die Beastie Boys nehmen einige Tropfen gestrecktes Mundwasser zu sich und die Geschichte nimmt eine ungeahnte Wendung. Als MCA, Mike D und Ad-Rock die Limo verlassen, ist die Umgebung in warme Retrofarben getaucht. Surreal wird es, als ihnen in Zeitlupe ein Mann in Lederhosen entgegenkommt. Es ist Nathaniel Hornblower, Adam Yauchs Alter Ego aus der Schweiz, der einst die MTV Awards aufmischte. Doch es wird noch schräger. Plötzlich stehen die Beasties vor ihren Ebenbildern, den B-Boys der Zukunft (Will Ferrell, John C. Reilly, Jack Black). Die zwei Doppelgängerformationen stehen sich feindlich gegenüber, wobei die Old-School-Crew es nicht versäumt darauf hinzuweisen, dass man sich hier mit Leuten anlegt, die mächtig auf dem Trip sind. Es kommt zum obligatorischen Battle. Es stellt sich die Frage, warum Adam Yauch, der das Drehbuch schrieb und Regie führte, dem LSD im Mittelteil so viel Aufmerksamkeit widmete zu einer Zeit, als außer Steve Jobs niemand mehr öffentlich über LSD redete.

Man muss wissen, dass Adam Yauch 2009 ebenso wie Steve Jobs an Krebs erkrankt war. Das bedeutet, Adam Yauch war bereits während der Dreharbeiten unheilbar krank. Angesichts des nahenden Todes dachte MC Adam über sein Leben nach und erinnerte sich an eine

Zeit, in der er jung, glücklich und unbeschwert war. Und seine erste LSD-Erfahrung machte. Das war 1988, kurz nach dem Erscheinen und Promoten des Erfolgsalbums „Licensed To Ill". Das ist kein Geheimnis, denn MCA hat in Interviews ganz offen darüber gesprochen.

Mit *Licensed To Ill* hatten die Beastie Boys bereits ihre erste Transformation, vom Punk zum Rap Rock, vollzogen. Wegbereiter für diesen Wandel war ihr damaliger Produzent und Teamkollege Rick Rubin, der parallel mit Run-DMC arbeitete und nun aus den B-Boys die erste weiße Rapformation machen wollte. Die ausgekoppelten Singles „Fight For Your Right" und „No Sleep Till Brooklyn" mit ihrer Mischung aus Hip-Hop und Hardrock zeugen von Rubins Vorliebe für Hardrock. Doch mit dem Erfolg kamen die Probleme, sowohl finanzieller als auch künstlerischer Art. Während Michael Diamond und Adam Horovitz mit ihrem neuen Starstatus ganz zufrieden waren, zweifelte Adam Yauch am Ruhm mit seinen Verlockungen von Geld, Macht und schnellem Sex. Das Weiterbestehen der Band stand auf dem Spiel. Die B-Boys entfremdeten sich von ihrem Produzenten und beendeten schließlich die Zusammenarbeit mit Def Jam, um bei einem Majorlabel zu unterschreiben. Capitol Records zahlte für die kommende Schallplatte den sensationellen Vorschuss von 750.000 US-Dollar.

Ausgestattet mit dem nötigen Finanzpolster bastelten sie an ihrem kommenden Meilenstein „Paul's Boutique". Als erstes verließen die drei ihr gewohntes Zuhause an der Ostküste und buchten ein Aufnahmestudio an der Westküste. Dort passierte es. Nach dem Umzug ins sonnige Los Angeles kam Adam Yauch in den Besitz einer „großen Menge Liquid-LSD". Seine damalige Freundin

Aura Walker erinnerte sich, das Yauch das LSD in die Berge von Utah mitnahm und dort zum Skifahren einwarf. Dazu konsumierte er eine „chronische Ration Gras“. In „A Year And A Day“ rappte MCA: „I drop the L when I'm skiing / I'm smoking and peaking.“
Die psychedelischen Abfahrten haben Adam Yauch selbstsicherer gemacht, denn sein Bandkollege Mike D bescheinigte ihm in Anschluss besondere Fähigkeiten: „Die LSD-Erfahrung verlieh ihm die Gabe, mehrere Dinge gleichzeitig zu erkennen und aus einer anderen Perspektive zu betrachten. Das hatte einen wichtigen Einfluss auf das Album.“
Experimentierfreude und vielschichtiges Sampling kennzeichnen das Album. Quasi hinter jedem Takt lauert ein „geliehener“ Soundschnipsel. Zu den zitierten Künstlern gehören Koryphäen wie Jimi Hendrix, James Brown, Led Zeppelin und sogar die Beatles. Selbst Kollegen wie Public Enemy, Run-DMC und Boogie Down Productions sind vertreten. Über 100 Songs wurden auf Paul's Boutique gesampelt, was eine völlig neue Qualität des Musikmachens bedeutete und den Hip-Hop neu definierte. Diese Zitierfreude setzten die Beastie Boys im Verbund mit ihrem neuen Produzententeam, den Dust Brothers, um. Eine Viertelmillion Dollar musste für die Begleichung der Urheberrechte aufgewendet werden, denn prominente Songschnipsel gibt es nicht zum Nulltarif. Auch die Idee für das Plattencover, dass eine 360-Grad-Rundumsicht auf die Ludlow Street mit ebenjener Paul's Boutique zeigt, geht auf Adam Yauch.
Als die Platte im Sommer 1989 erschien, lief der Verkauf trotz zweier Singleauskopplungen eher schleppend. Dem Album fehlte der chartkompatible Hit. Paul's Bou-

tique floppte, entwickelte sich jedoch im Nachhinein zum Longseller und wurde die Vorlage der kommenden Alben „Check Your Head", „Ill Communication" und „Hello Nasty".
Ein weiterer Nebeneffekt des LSD-Konsums war Yauchs aufkeimendes religiöses Interesse. Aus einer jüdischen Familie stammend, war er eher weltlich erzogen worden. Nun las er die Bibel und beschäftigte sich mit indischer Spiritualität. Seine Acid-befeuerte Sinnsuche führte ihn schließlich zum Buddhismus. Die Halluzinogene haben seine Zweifel beseitigt und stattdessen die „Chakren geöffnet", was ihn sensitiver seiner Umgebung gegenüber gemacht habe, sagte er 1994 in einem Interview. Dazu besuchte er auch eine Vorlesung des Dalai Lama in Arizona. Während ihn seine Bandkollegen auf dem üblichen Skiurlaub in Utah vermuteten, bereiste Adam Yauch diesmal Nepal und Indien. Vor Ort wollte er sich über den Buddhismus informieren. Ab 1991 wurde MCA Vegetarier und übte den völligen Verzicht. Er trank kein Bier mehr, rauchte kein Gras und ließ auch die Hände von den Halluzinogenen. An seinem 30. Geburtstag meinte er: „Drogen sind nichts, womit du sehr weit kommst. Allerdings öffnen sie dir die Augen und du erkennst Dinge, die nicht in die westliche Weltsicht zu passen scheinen." Adam Yauch integrierte die östlichen Lehren in seinen westlichen Lebensalltag, indem er morgens und abends meditierte, buddhistische Botschaften in seine Liedtexte übernahm und sich für die Freiheit Tibets engagierte.
Nach dem Tod des Masterminds im Jahr 2012 lösten die beiden verbliebenen Beastie Boys Mike D und Ad-Rock die Band auf.

1993 Die Fantastischen Vier: Tag am Meer

„Tag am Meer“ ist ein Musikstück der Fantastischen Vier von ihrem Album „Die 4. Dimension“. In den Neunzigern kam man nicht an diesem Song vorbei. Das Lied mit dem markanten Gitarrensample ist sicherlich der erfolgreichste Titel der deutschen Hip-Hop-Formation und wird hierzulande auch heute noch im Radio und bei anderen Gelegenheiten aufgelegt. In Prora lädt sogar ein Tag-am-Meer-Festival jährlich an Rügens Ostseeküste ein. Das Stück kommt für Die Fantastischen Vier ungewöhnlich groovend daher und wirkt durch seine soulige Atmosphäre und den säuselnden Sprechgesang höchst relaxt. Die Zeile „die Musik ist aus ... und ist immer noch da“ wurde für manchen sogar zur gängigen Redewendung.
Im August 2010 bestätigte sich ein Anfangsverdacht: „Tag am Meer“ beschreibt einen LSD-Trip! Die Freie Allgemeine zitierte aus einem Interview mit Thomas D, und Zeitungen in Deutschland, Österreich und der Schweiz übernahmen die Kurzmeldung. Thomas D gab darin freimütig zu: „Das Lied ’Tag am Meer’, das Michi und ich geschrieben haben, ist ein wunderbarer Song, der von LSD handelt.“ Das Interview, auf das sich die Meldung bezog, entstand anlässlich einer Dokumentation zum 100. Geburtstag von Albert Hofmann und war da bereits fantastische vier Jahre alt.
Die Nachricht war keine wirkliche Neuigkeit, denn wer einmal genauer auf die Lyrics geachtet hat, wird bereits vermutet haben, dass die Rapper von mehr als nur der Muse geküsst sein mussten. In Michi Becks Eingangsstrophe heißt es: „Dann verschwindet die Zeit, darauf

du in ihr. Wolken schlagen Salti, du bist nicht mehr bei dir." Überhaupt macht die Zeit lauter merkwürdige Sachen. Sie fließt, bleibt stehen und „kehrt zurück". Dinge erscheinen plötzlich in völlig neuem Licht, alles wirkt intensiver und ist verwandelt: „Es ändern sich Zustand, der Raum und die Zeit."

„Tag am Meer" beschreibt einen gemeinsamen LSD-Trip, den Michi Beck und Thomas D am Strand erlebt und in Poesie verwandelt haben. Der Text lässt offen, ob es sich um die erste Erfahrung der beiden handelt; jedenfalls festigte sich die seelische Verbindung zwischen den beiden Musikern: „Es macht uns zu Brüdern, mit dem Tag am Meer."

Im besagten Interview plauderte Thomas D eine Viertelstunde lang frei von der Leber weg. Er sprach über seine positiven Erfahrungen, Ansichten und Hoffnungen zum Thema LSD, das er einen „großen Lehrmeister" nannte und in den höchsten Tönen lobte. Bereits vor seinen psychedelischen Lehrstunden (er spricht von seinen Tripperfahrungen im Plural) hatte sich der Musiker zu philosophischen Fragestellungen informiert und „Bücher gelesen über die Liebe oder die Zusammenhänge von der Welt in uns". Aber erst nach der Einnahme von LSD habe er viele Zusammenhänge, Bücher und Bilder wirklich verstanden. Und lehnt sich weit aus dem Fenster, indem er gleich einem Schamanen behauptet, dass man auf LSD, nach „Auflösung der Filter", keine Halluzinationen erlebt, sondern dass das, was man *bisher* gesehen und erlebt hat, die große Täuschung war. Dann verkündet Thomas D eine alte mystische Wahrheit: Alles ist eins und mit allem verbunden, die Dualität zwischen Mensch und Welt hingegen ist eine Illusion, lediglich notwendig, um verstandesmäßig „klarzukommen". Das erinnert an Novalis und die Romantiker: „Wir träumen von Reisen durch das Weltall: ist denn das Weltall nicht in uns? Die Tiefen unseres Geistes kennen wir nicht. — Nach Innen geht der geheimnisvolle Weg. In uns, oder nirgends ist die Ewigkeit mit ihren Welten, die Vergangenheit und Zukunft. Die Außenwelt ist die Schattenwelt, sie wirft ihren Schatten in das Lichtreich. Jetzt scheint es uns freilich innerlich so dunkel, einsam, gestaltlos, aber wie ganz anders wird es uns dünken, wenn diese Verfinsterung vorbei, und der Schattenkörper hinweggerückt ist. Wir werden mehr genießen als je, denn unser Geist hat entbehrt."

Bei den Byrds führten die Bewusstseinsexperimente dereinst zum Albumtitel „Fifth Dimension", Die Fantastischen Vier kamen mit weniger aus und nannten ihre psychedelisch-bunte Platte „Die 4. Dimension". Das Album schaffte es in die Hitparaden von Deutschen, Österreich und der Schweiz. Die Single „Tag am Meer" wurde 1994 ausgekoppelt und konnte sich sechs Jahre darauf in einer für MTV-Unplugged live aufgenommenen Version erneut in den Charts platzieren. Da waren Fünf Sterne deluxe schon weiter und nannten die Sache auf MTV und im Radio direkt bei ihrem Namen: „Der eine hört uns nackt auf LSD".[75]

Gegenwart und Ausblick.

Menschen lassen sich weder durch Verbote noch durch Warnungen von leichtfertigem Drogenkonsum abhalten. Der Mensch als begrenztes Wesen sehnt sich ab und an nach einem Kurzurlaub in der Unendlichkeit, nach einem Moment der Auflösung, an dem das Ich nicht mehr Ich sein muss. Hierzu greifen Menschen offensichtlich auch zu Arzneien ohne Beipackzettel und ohne Kenntnis der Nebenwirkungen. Wie schon die Alkoholprohibition gezeigt hat, befördern Verbote eher die Nachfrage und die Neugier. Im Falle des LSD-Verbots gelangten sogar weitaus gefährlichere Substitute in Umlauf, Drogen, die einfacher in der Herstellung waren und eine heftigere Wirkung versprachen, wie das unter dem Namen „Super-LSD“ angepriesene STP oder das mit dem Euphemismus „Angel Dust“ verharmloste PCP. Statt der bewährten und kontrollierten Lysergsäureverbindung aus dem Labor der Schweizer Pharmafirma Sandoz hatte man es nun mit einem Produkt aus einem Hinterhoflabor zu tun, das alle möglichen Nervengifte dieser Welt enthalten konnte. Für das Personal einer Notaufnahme ein Albtraum! Niemand kann sagen, wie viele Psychosen durch unsaubere Chemiecocktails ausgelöst wurden und in der Öffentlichkeit dem LSD angekreidet wurden. Was folgte war der Abstieg eines vielversprechenden Hilfsmedikaments zum Sündenbock aller Drogen.

Ihren Ruf als Wunderdroge konnte LSD allerdings ebenso wenig verteidigen. Vor dem Globalverbot wurde LSD zwar erfolgreich zur Behandlung von Alkoholikern eingesetzt, doch konnte sie Jim Morrison nicht davor bewahren, einer zu werden. LSD konnte zwar Cary Grant und anderen zu persönlichem Glück verhelfen, aber die Charles-Manson-Bande hat sie nicht davon abgehalten, brutale Morde zu begehen. Auch möchte dieses Buch nicht den Eindruck vermitteln, dass die Einnahme von LSD zu einer erfolgreichen Musiker- oder Künstlerkarriere führt, denn die ungezählten gescheiterten Existenzen stellen eher den Normalfall dar als umgekehrt. Ist die wiederaufflammende Diskussion um die Wirkung von LSD vielleicht viel Wirbel um ein mikroskopisches Nichts?

Der aktuelle Drogen- und Suchtbericht der Drogenbeauftragten der Bundesregierung kann das Thema in vier Sätzen abhaken, „da sich die LSD-Zahlen auf einem sehr niedrigen Niveau bewegen und seit Jahren auf und ab schwanken.“[76] Derzeit ist LSD in Deutschland weder als Medikament noch zur Forschung zugelassen. Nach Paragraph 1 Absatz 1 Anlage 1 des Betäubungsmittelgesetzes ist „Lysergid“ ebenso wie Mescalin, Psilocybin und auch Cannabis ein nicht verkehrsfähiges Betäubungsmittel, das bedeutet, diese Stoffe dürfen weder gehandelt werden, noch besteht ein anerkannter therapeutischer Nutzen. Anlage 2 listet alle verkehrsfähigen, aber nicht verschreibungsfähigen Betäubungsmittel, zum Beispiel die aktuell verteufelte Modedroge Metamphetamin (Crystal Meth). Anlage 3 umfasst die verschreibungsfähigen Betäubungsmittel Kokain, Codein, Morphin, weitere Opiate sowie das starke Schmerzmittel Fentalnyl, an dessen Nebenwirkungen im April 2016 das musikalische Allroundtalent Prince verstarb. Die in ihrem Umfang volkswirtschaftlich schädlichsten Drogen Alkohol und Tabak werden im Betäubungsmittelgesetz mit keiner Silbe erwähnt.

In den USA kündigt sich gegenwärtig ein Comeback von LSD als Therapeutikum und Kreativtrigger an. Erstes Anzeichen: Man redet wieder offen darüber. Nicht nur Steve Jobs hat in seiner Biografie offen über seine LSD-Versuche gesprochen, auch Altrocker wie Pete Townshend oder Lemmy Kilmister prahlten in ihren Lebensgeschichten mit Acid-Erfahrungen. Zeitungen und Zeitschriften berichteten jüngst vermehrt über Programmierer und Kreative aus dem Silicon Valley, die ihre Vorstellungskraft mit allmorgendlichen Kleinstdosen LSD pimpen. Dabei soll die Fantasie täglich neu entfacht werden, die realitätsverzerrenden oder gar mystischen Effekte jedoch sollen ausbleiben.[77] Dieses als Microdosing bezeichnete Verfahren hatte der Mediziner Oscar Janiger bereits in den sechziger Jahren erfolgreich zur Stimmungsaufhellung von depressiven Menschen angewandt.[78]

Bevor die Hippies auf öffentlichen Partys Starkstrombrause ausschenkten, war LSD vor allem ein medizinisches Hilfsmittel, das in der sicheren Atmosphäre einer Praxis oder einer Klinik verabreicht wurde, um die Risiken und Nebenwirkungen zu kontrollieren. In der Schweiz kehrte Dr. Peter Gasser von der Schweizerischen Ärztegesellschaft für psycholytische Therapie (SÄPT) zu den diesen Ansätzen zurück und erforschte die angstlösende Wirkung des Pharmakons an terminalen Krebspatienten. Mit einer staatlichen Ausnahmeerlaubnis verabreichte Gasser den Probanden 2013 im

Rahmen einer Einzeltherapie 200 Mikrogramm LSD. Ziel der Doppelblindstudie war es, den Todgeweihten die Angst vor dem Sterben zu nehmen und ihnen auf den letzten Metern ein angstbefreites Leben zu ermöglichen.[79] Schon Aldous Huxley, der im November 1963 an Kehlkopfkrebs gestorben war, hatte sich auf seinen Wunsch hin 100 Mikrogramm LSD spritzen lassen, um einen sanften Übergang zu erleben.

LSD gehört heute zu den bestuntersuchten Substanzen, über die wir aber immer noch zu wenig wissen. Wir kennen zwar den Namen des Erstkonsumenten und auch den exakten Zeitpunkt, an dem die erste LSD-Erfahrung ihren Anfang nahm, jedoch ist weiterhin unklar, was da vor sich geht, im Kopf des Probanden. Hoffnung können Althippies und Neugierige aus einer Nachricht vom April 2016 schöpfen. Ein Forscherteam des Imperial College in London hatte im Rahmen einer Doppelblindstudie 20 Freiwilligen eine moderate Dosis von 75 Mikrogramm LSD verabreicht und anschließend in einen Magnetresonanztomografen geschoben. Die Wissenschaftler wollten untersuchen, welche Bereiche des Gehirns durch das LSD aktiviert werden. Nach Auswertung der crowdfinanzierten 3D-Scans stellten die Forscher fest, dass vor allem der visuelle Cortex – jener Teil der so genannten Großhirnrinde, der für die Verarbeitung optischer Reize zuständig ist – verstärkt Informationen mit Hirnarealen austauscht, die ansonsten eigenständig fungieren. Diese Kreuzfeuerkommunikation könnte für die optischen Halluzinationen und Traumbilder verantwortlich sein, von denen Konsumenten berichten. Eine Interpretation der Versuchsresultate besagt, dass Gehirne unter LSD-Einwirkung temporär wie die von Kindern funktionieren, also flexibel und wenig spezialisiert. Im Laufe des Lebens übernehmen bestimmte Hirnareale bestimmte Aufgaben, sie entwickelten Routinen und „erstarrten". Das Gehirn richtet sich ein. LSD hingegen zwingt die separaten Bereiche für eine gewisse Dauer dazu, verstärkt miteinander zu kooperieren und auch mal ungewohnte Aufgaben zu übernehmen. Kinder haben noch keine Routinen im Kopf, ihre Herangehensweise an gestellte Aufgaben ist stets spielerisch und bezieht mehrere Hirnareale mit ein.

In seinem Spätwerk „Das Unbehagen in der Kultur" beschreibt Sigmund Freud „ein Gefühl der unauflösbaren Verbundenheit, der Zusammengehörigkeit mit dem Ganzen der Außenwelt", dass er als Ursache aller Religionen betrachtet. Dieses Eins-sein findet man sowohl bei Mystikern als auch bei Frischverliebten. Den Ursprung des „ozeanischen Gefühls" machte Freud in der frühesten Kindheit aus, denn das Seelenleben des Säuglings trenne noch nicht zwischen Innen- und Außenwelt. Erst nach und nach bilde sich ein Ich heraus, dass sich gleichsam aus der Außenwelt herausschält, indem es sich mit bestimmten Merkmalen identifiziert und andere Merkmale als fremd ablehnt. Dazu Freud: „Unser heutiges Ichgefühl ist also nur ein eingeschrumpfter Rest eines weit umfassenderen, ja – eines allumfassenden Gefühls, welches einer innigeren Verbundenheit des Ichs mit der Umwelt entsprach."[80] An dieses „primäre Ichgefühl" erinnert sich nun, wer eine ozeanische Selbstentgrenzung, eine *unio mystica*, erlebe. Mit Gott hat das alles nichts zu tun.

Albert Hofmann hat bis zuletzt an die Einsatzfähigkeit und eine bevorstehende Verwendung seiner Entdeckung geglaubt. Ihm selbst schwebte ein kollektives Ritual vor, dass an die antiken Mysterien von Eleusis anknüpfen sollte, die 2000 Jahre lang gemeinschafts- und sinnstiftend waren. In Eleusis feierten die Hellenen im Herbst zu Ehren der Ackergöttin Demeter ein großes Fest, bei dem ein heiliger Getreidesaft, der Kykeon, gereicht wurde. Der Kykeon bewirkte einen ekstatisch-visionären Zustand, was die Beigabe einer halluzinogenen Droge sehr wahrscheinlich macht. Hofmann glaubte, durch ein ähnliches Ritual könne das „gespaltene Wirklichkeitsbewusstsein", das Ich und Außenwelt, Mensch und Natur durch die kulturelle Entwicklung einander entfremdet habe, überwunden werden. Eine andere Einsatzmöglichkeit sah Hofmann in der chemischen Unterstützung einer Meditation: „In der Möglichkeit, die auf mystisches Erleben ausgerichtete Meditation von der stofflichen Seite her zu unterstützen, sehe ich die eigentliche Bedeutung von LSD."[81]

Zehn Jahre, bevor Albert Hofmann den ersten LSD-Rausch der Menschheitsgeschichte hatte, schrieb der österreichisch-jüdische Autor Leo Perutz einen Roman über einen Freiherren, der mittels einer Droge den religiösen Glauben wieder erwecken will. Das Buch kam zur Unzeit, denn für den Autor brach zeitgleich der größte Markt weg. „St. Petri-Schnee" erschien 1933 und durfte in Deutschland durch die Machtergreifung der Nationalsozialisten nicht mehr ausgeliefert werden.[82] Zur Handlung: Der streng konservative Freiherr von Malchin ist zu dem Schluss gelangt, dass religiöse Inbrunst und Ekstase „fast immer das klinische Bild eines durch ein Rauschgift hervorgerufenen Erregungszustandes" ist.[83] Da der Wissenschaft ein solches nicht bekannt ist, forscht der Freiherr selbst und stößt bei der Lektüre historischer Niederschriften auf einen Getreidepilz, der im Mittelalter religiöse Epidemien auslöste. Die Pilzkrankheit trug regional verschiedene Namen, die häufig von Heiligen inspiriert waren, wie „Muttergottesbrand", „St. Antonius-Feuer" und „St. Petri-Schnee". Bald kann Malchin aus dem Pilz ein „flüssiges Rauschgift" synthetisieren, dass eine „Anzahl Alkaloide" enthält sowie „ein wenig Säure".[84] Der Freiherr möchte die wasserhelle Flüssigkeit sogleich an einem seiner Bauern austesten, ohne das Versuchskaninchen vorher in Kenntnis zu setzen; dem Arzt, der das Rauschgift verabreichen soll, versichert Malchin, „dass dieses Mittel in keiner Weise den Organismus schädigt. Es ruft rein psychische Wirkungen hervor, vorübergehende Wirkungen übrigens. Es macht vielleicht den Mann für kurze Zeit ein wenig glücklicher – das ist alles."[85]

An seinem Namenstag schließlich lädt Freiherr von Malchin seine Pächter und Landarbeiter auf einen Umtrunk ein – der erste Acidtest, die Getränke sind natürlich präpariert. Aber die Zwangsbeglückung geht schief, statt zu religiöser Ekstase tendieren die Berauschten zur Revolte und stürmen mit Heugabeln das Herrenhaus. Revolution statt Religion. Dabei hätte der Freiherr es besser wissen können, denn wie er bei der Recherche selbst herausgefunden hatte, gingen die Getreidevergiftungen eben nicht nur Kreuzzügen voraus, sondern auch heftigen Bauernaufständen.

Die sympathischste und wohl für alle Leserinnen und Leser akzeptabelste Auflösung der Abbreviatur LSD liefert eine seit Jahren etablierte Lesebühne in Berlin. Dort stehen die drei Buchstaben für die Forderung „Liebe statt Drogen".

Beeinflusste Kunstwerke

Auf dem Film: Psychedelisches Kino

The Trip. A Lovely Sort of Death. Drehbuch: Jack Nicholson (USA 1967)
Zabriskie Point. Regie: Michelangelo Antonioni (USA 1970)
Performance. Regie: Donald Cammel & Nicolas Roeg (GB 1970)
Clockwork Orange. Regie: Stanley Kubrick (GB 1971)
Montana Sacra – Der heilige Berg. Regie: Alejandro Jodorowsky (USA/Mexiko 1973)
Tommy. Die Rockoper der Who. Regie: Ken Russell (GB 1974)
Pink Floyd: The Wall. Regie: Alan Parker (GB 1982)
Fear and Loathing in Las Vegas. Regie: Terry Gilliam (USA 1998)
Blueberry und der Fluch der Dämonen. (F/Mexiko 2004)
Enter the Void. Regie: Gaspar Noé (F 2009)
Beastie Boys – Fight For Your Right Revisited. Regie: Adam Yauch (USA 2011)

Psychedelische Literatur

Leo Perutz: *St. Petri-Schnee.* Roman (1932)
William S. Burroughs: *Naked Lunch.* Roman (1959)
Ken Kesey: *Einer flog über das Kuckucksnest.* Roman (1962)
Leonard Cohen: *Das Lieblingsspiel* (1963)
Thomas Pynchon: *Die Versteigerung von Nr. 49.* Roman (1966)
Tom Wolfe: *Der Electric Kool-Aid Acid Test.* Doku-Roman (1968)
Robert Shea, Robert Anton Wilson: *Illuminatus! Trilogie* (1969–1971)
Stanislaw Lem: *Der futurologische Kongreß.* Roman (1971)
Hunter S. Thompson: *Fear & Loathing in Las Vegas.* Roman (1971)
Bernward Vesper: *Die Reise.* Romanessay (1971/1977)
Irvine Welsh: *The Acid House.* Kurzgeschichte (1994)
Leaf Fielding: *Hippie Business.* Autobiografie (2011)

Psychedelische Musik

1964

Herbie Hancock: Oliloqui Valley

1966

The Pretty Things: L.S.D.

Kim Fowley: The Trip

Donavan: Sunshine Superman / The Trip (Single)

The Electric Prunes: I Had Too Much To Dream Last Night

The Byrds: Fifth Dimension (Album)

The Beatles: Revolver (Album)

The Mothers of Invention: Freak Out! (Album)

1967

The Smoke: My Friend Jack

Kenny Rogers & The First Edition: Just Dropped In

The 13th Floor Elevators: Slip Inside This House

The Beatles: Sgt. Pepper's Lonely Hearts Club Band (Album)

The Rolling Stones: Their Satanic Majesties Request (Album)

Pink Floyd: Arnold Layne

Pink Floyd: See Emily Play

Jimi Hendrix Experience: Are You Experienced? (Album)

Jimi Hendrix Experience: Spanish Castle Magic

Eric Burdon & The Animals: Winds of Change (Album)

Eric Burdon & The Animals: A Girl Named Sandoz

The Doors: The Crystal Ship

Jefferson Airplane: Surrealistic Pillow (Album)

1968

Horace Silver: Psychedelic Sally

Steppenwolf: Magic Carpet Ride

Ultimate Spinach: Ultimate Spinach (Album)

Small Faces: Ogden's Nut Gone Flake (Album)

Jimi Hendrix Experience: Electric Ladyland (Album)

The Doors: Waiting For The Sun (Album)

1969

Santana: Santana (Album)

Grateful Dead: Aoxomoxoa (Album)

The Doors: The Soft Parade (Album)

Quicksilver Messenger Service: Happy Trails (Album)

1970

Santana: Abraxas (Album)

Timothy Leary: You Can Be Anyone This Time Around (Album)

Peter Green: The End Of The Game (Album)

1973

Pink Floyd: The Dark Side of the Moon (Album)

Ash Ra Temple: Starring Rosi (Album)

1975

Ton Steine Scherben: Steig ein

1989

Beastie Boys: Paul's Boutique (Album)

1990

Northside: Shall We Take a Trip

1991

Primal Scream: Screamadelica (Album)

Smashing Pumpkins: Gish (Album)

1992

The Shamen: Boss Drum (Album)

Mad Professor: Psychedelic Dub (Album)

1993

Smashing Pumpkins: Siamese Dream (Album)

Ramones: Acid Eaters (Album)

Literaturverzeichnis

Jörg Böckem: *Comic-Legende Robert Crumb. Sexuell extrem frustriert*, in: Einestages, 2. September 2013.

Mathias Broeckers, Roger Liggenstorfer (Hg.): *Albert Hofmann und die Entdeckung des LSD. Auf dem Weg nach Eleusis*, Solothurn 2006.

Eric Clapton (mit Christopher Simon Sykes): *The Autobiography*, London 2007.

David Crosby: *In Tune with Positives*, in: The Ecstatic Adventure. Reports of Chemical Explorations of the Inner World, chapter 25, on: www.psychedelic-library.org.

Robert Crumb, Peter Poplaski: *The R. Crumb Handbook*, London 2005.

Felix Denk, Sven von Thülen: *Der Klang der Familie*. Berlin, Techno und die Wende, Berlin 2014.

Sigmund Freud: *Das Unbehagen in der Kultur*, Frankfurt am Main 2009.

John Einarson, Chris Hillman: *Hot Burritos. The True Story of the Flying Burrito Brothers*, London, 2008.

Rüdiger Esch, Wolfgang Flür: *Electri_City. Elektronische Musik aus Düsseldorf*, Berlin 2014.

Mick Fleetwood (mit Anthony Bozza): *Play On. Fleetwood Mac und ich.* Die Autobiografie, 2013.

Stanislaw Grof: *LSD-Psychotherapie*, Stuttgart 1983.

Nina Hagen: *Bekenntnisse*, München 2011.

Nina Hagen (Interview): *Gott kam mir mit ausgestreckten Armen entgegen*, Zeitmagazin, 8. April 2010 Nr. 15.

Paul-Philipp Hanske, Benedikt Sarreiter: *Neues von der anderen Seite*, Berlin 2015.

Albert Hofmann: *LSD – mein Sorgenkind. Die Entdeckung einer ›Wunderdroge‹*, München 2001.

Andreas Hub: *Das Kraut der frühen Jahre*, in: Rolling Stone vom 3. April 1997.

Thomas Hummitzsch: *Der Menschenleser*, in: Tagesspiegel vom 29. August 2013.

Aldous Huxley: *Die Pforten der Wahrnehmung. Himmel und Hölle*, München 1998.

Walter Isaacson: Steve Jobs. *Die autorisierte Biografie des Apple-Gründers*, München 2012.

Ernst Jünger: *Annäherungen. Drogen und Rausch*, Stuttgart, 2014.

Robin Kelley: *Thelonious Monk: The Life and Times of an American Original*, New York 2009.

Lemmy Kilmister, Janiss Garza: *White Line Fever. Die Autobiografie*, München 2014.

Lemmy Kilmister (Interview): *Ohrstöpsel sind unfair*, Der Spiegel 31/2014.

Greg Kot: *Billy Corgan's mission statement for Oceania: Do or Die*, in: Chicago Tribune, 15. Juni 2012.

Bill Kreutzmann, Benjy Eisen: *Deal. My Three Decades of Drumming, Dreams, and Drugs with the Grateful Dead*, 2015.

Rainer Langhans: *Ich bin's. Die ersten 68 Jahre. Autobiographie*, München 2008.

Timothy Leary: *Denn sie wussten was sie tun. Eine Rückblende*, München 1997.

Timothy Leary: *Your Brain Is God*, Berkeley.

Martin A. Lee, Bruce Shlain: *Acid Dreams. The Complete Social History of LSD: The CIA, The Sixties, and Beyond*, New York 1992.

Cynthia Lennon: *John. The Extraordinary Story of a Man, a Legend, and a Marriage*, London 2005.

John Lennon, Jann S. Wenner: *Lennon Remembers. The Full Rolling Stone Interviews From 1970*, London/New York 2000.

Nick Mason: *Inside Out. Mein persönliches Porträt von Pink Floyd*, Schlüchtern 2005.

Ray Manzarek: *Die Doors, Jim Morrison und ich. Autobiografie*, St. Andrä/Wördern 1999.

John Markoff: *What the Dormouse Said. How the Counterculture Shaped the Personal Computer Industry*, USA 2006.
Richi Moscher: *Too much. Erste Hilfe bei Drogenvergiftungen*, Löhrbach 1995.
Mike Oldfield im Spiegel-Gespräch: *Ich war schmutzig und lädiert*, KulturSpiegel 11/2007.
Leo Perutz: *St. Petri-Schnee*, Reinbek 1989.
Christian Rätsch im Spiegel-Gespräch: *Wir sind alle illegal*, Der Spiegel 23/2013.
Keith Richards (mit James Fox): *Life. Autobiografie*, München 2010.
Carlos Santana: *Der Klang der Welt. Mein Leben*, München 2015.
Jon Savage: *1966 – The Year the Decade Exploded*, Frankfurt am Main 2016.
Wolfgang Schmidbauer, Jürgen vom Scheidt: *Handbuch der Rauschdrogen*, Frankfurt am Main 1998.
Sylvie Simmons: *I'm Your Man. Das Leben des Leonard Cohen*, München 2014.
Howard Sounes: *Paul McCartney. Das Porträt*, München 2010.
Hunter S. Thompson: *Hell's Angels*, München 2004.
Pete Townshend: *Who I Am. Eine Autobiographie*, Köln 2014.
Bernward Vesper: *Die Reise. Romanessay.* Ausgabe letzter Hand, Berlin 1982.
Tom Wolfe: *Der Electric Kool-Aid Acid Test*, München 2009.
Irvine Welsh: *The Acid House*, Köln 1999.
Irvine Welsh: *Ecstasy. Drei Romanzen mit chemischen Zusätzen*, München 1999.

Diskografie

Mathias Broeckers & Roger Liggenstorfer (Hg.): Albert Hofmann und die Entdeckung des LSD. (Hörbuch), Solothurn 2008.

Albert Hofmann: Erinnerungen eines Psychonauten. Von der Entdeckung entheogener Drogen (Hörbuch), 1. Aufl. Mai 2003.

Filmografie

Sonia Anderson: Pink Floyd. Behind the Wall, GB, 2011.

Ralf Breier & Claudia Kuhland: Der Ultimative Trip. Der Entdecker des LSD wird 100, 3sat/ZDF, 2006.

Roger Corman: The Trip. A Big Thrill In A Little Pill, USA, 1967.

Basil Gelbke & Valentin Paesch: LSD und sein Entdecker Albert Hofmann, Deutschland, o.J.

Alex Gibney: Magic Trip, USA, 2011.

LSD. Vom Trip zur Therapie?, o.J.

National Film Board of Canada: LSD. Entdeckung einer Wunderdroge, Canada o.J.

Kunst und LSD. Thomas D im Gespräch. Aus einer Dokumentation zum 100. Geburtstag von Dr. A. Hofmann.

Anmerkungen

1) Hofmann, Sorgenkind, S. 87.
2) www.pharmazeutische-zeitung.de/index.php?id=27886
3) Hofmann, Sorgenkind, S. 27.
4) Hofmann, Sorgenkind, S. 30.
5) Hofmann, Sorgenkind, S. 48.
6) Huxley, Pforten, S. 19f.
7) Leary, Rückblende, S. 168.
8) Lee, Acid Dreams, S. 29.
9) Hofmann, Sorgenkind, S. 154.
10) Jünger, Annäherungen, S. 390.
11) Hofmann, Sorgenkind, S. 173.
12) Jünger, Annäherungen, S. 392.
13) Jünger, Annäherungen, S. 104.
14) Warren Hoge: The Other Cary Grant, in: The New York Times Magazine, 3. Juli 1977.
15) Warren Hoge: The Other Cary Grant, in: The New York Times Magazine, 3. Juli 1977.
16) Clapton, Autobiography, S. 88f.
17) Lee, Acid Dreams, S. 119.
18) Hanske, Neues, 65.
19) Wolfe, Acid Test.
20) Thompson, Hells Angels, S. 374.
21) Thompson, Hells Angels, S. 383.
22) Grof, LSD-Psychotherapie, S. 38.
23) Wolfe, Acid Test, Kapitel 19.
24) Leary, Rückblende, S. 15.
25) Leary, Rückblende, S. 34.

26) Leary, Rückblende, S. 34.

27) Leary, Rückblende, S. 66.

28) Lee, Acid Dreams, S. 79.

29) Leary, Rückblende, S. 86.

30) Leary, Rückblende, S. 145.

31) Lee, Acid Dreams, S. 88.

32) Manzarek, Doors, Pos. 5748.

33) Manzarek, Doors, Pos. 5790.

34) Manzarek, Doors, Pos. 6479.

35) Manzarek, Doors, Pos. 5972.

36) Lennon, John, S. 182

37) Wenner, Lennon, S. 50.

38) Harrison, Anthonlogy, Booklet.

39) Sounes, McCartney, S. 183.

40) Lennon, John, S. 182.

41) www.crumbproducts.com/pages/about/minds.html.

42) Poplaski, Crumb Handbook, S. 132.

43) www.tagesspiegel.de/weltspiegel/robert-crumb- wird-70- der-menschenleser/8714492.html.

44) www.spiegel.de/einestages/interview-mit- comic-zeichner-robert-crumb- a-951417.html.

45) www.tagesspiegel.de/weltspiegel/robert-crumb- wird-70- der-menschenleser/8714492.html.

46) Wolfe, Acid Test, S. 335.

47) David Fricke: Floyds Crazy Diamond, Rolling Stone, Nr. 1006, 10. August 2006, S. 24.

48) Pink Floyd: Ihre Musik, ihre Legende, ihr Genie. Rolling Stone Sammler-Ausgabe, November 2014, S. 34.

49) Vesper, Reise, S. 603.

50) Vesper, Reise, S. 115.

51) Fielding, Hippie Business, S. 54.

52) Fielding, Hippie Business, S. 212.

53) Fleetwood, Play, S. 110.

54) Fleetwood, Play, S. 113.

55) Fleetwood, Play, S. 114.

56) Fleetwood, Play, S. 127.

57) Fleetwood, Play, S. 131.

58) Langhans, Ich bin's, S. 38f.

59) Leary, Rückblende, S. 401.

60) www.rollingstone.de/das-archiv/article142024/das- kraut-der-fruehen-jahre.html.

61) Hanske, Seite, 276f.

62) Langhans, Ich bin's, S. 32f.

63) Langhans, Ich bin's, S. 32.

64) Esch, Electri_City, S. 77.

65) Esch, Electri_City, S. 18.

66) Isaacson, Jobs, S. 64.

67) Isaacson, Jobs, S. 35.

68) Isaacson, Jobs, S. 37.

69) Isaacson, Jobs, S. 37f.

70) Isaacson, Jobs, S. 57.

71) Isaacson, Jobs, S. 64.

72) Hagen, Bekenntnisse, S. 75.

73) Hagen, Bekenntnisse, S. 148.

74) Ralf Niemczyk: Back To the Old Skool (CD), Liner Notes, Ministry of Sound.

75) Fünf Sterne deluxe: Die Leude, 2000.

76) Die Drogenbeauftragte der Bundesregierung (Hg.): Drogen- und

Suchtbericht Juni 2016, Berlin, S. 85.

77) Ist LSD der wahre Grund für den Kreativvorsprung der kalifornischen High-Tech- Wirtschaft? Es gibt eine vielbeachtete Publikation, die diese Vermutung andeutet: John Markoff, *What the Dormouse said. How the Sixties Counterculture Shaped the Personal Computer Industry*, New York 2005.

78) Leary, Rückblende, S. 168.

79) Hanske, Neues, S. 128–136.

80) Freud, Unbehagen, S. 34f.

81) Hofmann, Sorgenkind, S. 201–208.

82) Alan Piper: Leo Perutz and the Mystery of St Peter's Snow, in: Time and Mind, Volume 6, Issue 2, Juli 2013, S. 175–198.

83) Perutz, Petri-Schnee, S. 107.

84) Perutz, Petri-Schnee, S. 117.

85) Perutz, Petri-Schnee, S. 75.